# Der Bürger macht sich Sorgen

Michael Bittner

# Der Bürger macht sich Sorgen

## Neue Kolumnen und Satiren

edition AZUR

# Smile

Ich stand vorm Schaufenster des Fotostudios: Ein kleiner Junge winkte traurig aus einem winzigen Matrosenanzug. Eine schwangere Hausfrau in lederner Unterwäsche strich sich lüstern über den Bauch. Ein Brautpaar fror am Ufer eines Seerosenteiches. Wieso stellten Fotografen immer ihre abscheulichsten Bilder in die Auslage? Hielten sie diese Fotos wirklich für vorzeigbar? Oder glaubten sie, auf den schlechten Geschmack ihrer Kunden Rücksicht nehmen zu müssen?

Lange zauderte ich. Aber ich hatte keine Wahl: Mein achtzehnter Geburtstag nahte und ich musste mich fotografieren lassen. Ich öffnete die Tür des Fotostudios, ein Glöckchen bimmelte über mir. Im Raum standen einige Regale mit Fotokameras hinter Glas, mit Bilderrahmen, Filmschachteln, Alben und anderem Zubehör. Eine junge Frau kam aus dem Hinterzimmer und begrüßte mich lächelnd.

»Guten Tag!«, sagte ich. »Ich bräuchte Fotos für meinen Ausweis und den Führerschein und so. Die würd ich gern machen lassen.«

»Ah!«, machte die Frau und grinste. »Da kommt also bald der große Tag, ja? Da wird einer bald richtig erwachsen!«

Ich schwieg, weil ich mir nicht sicher war, ob ich gerade verarscht wurde. Eigens für den Fototermin hatte ich mich gewaschen, geföhnt und mir ein neues Hemd angezogen. Ich machte mir ernsthaft Gedanken über dieses Foto. Dieses Bild würde ich ja viele Jahre mit mir herumtragen. Für Polizisten, Schnapsverkäufer und andere Amtsträger wäre es bald der erste Eindruck, den sie von mir bekämen. Und in der Schule stand bald jener Moment bevor, da irgendein Mädchen ausriefe: »Los, jetzt zeigt mal jeder sein Passfoto!« Und wer da dämlich aussah, der hatte sein Leben eigentlich schon verscherzt. Ein Foto aus dem Automaten war also überhaupt nicht in Frage gekommen.

»Wir haben jetzt einen neuen Expressservice«, sagte die Fotografin. »Digitale Fotografie, das ist das Allermodernste. Wir machen die Fotos, es dauert nur ein paar Minuten, dann kannst du sie gleich anschauen und mitnehmen.«

»Das ist gut«, sagte ich.

Die Fotografin führte mich in ein Hinterzimmer, in dem eine Kamera auf einem Stativ wartete. Sie setzte mich auf einen schwarz gepolsterten Stuhl, drückte meine Schultern in die Waagerechte, richtete mir liebevoll den Kragen und strich widerborstige Haare glatt. Dann begab sie sich hinter die Kamera und feuerte einige Probeschüsse ab.

»So, und jetzt mal bitte lächeln!«, rief sie. »Du willst doch sicher freundlich auf dem Bild aussehen, oder?«

Ich lächelte. Sie knipste noch ein paar Mal.

»Was ist denn los, warum schaust du denn so traurig? Lächle doch mal! Muss ich erst Cheese rufen? Soll ich einen dreckigen Witz erzählen?«

Ich lächelte noch breiter.

»Warum willst du denn nicht lächeln? Na, dann müssen wir es eben so machen.«

Ich bemühte mich um das breiteste Grinsen, das meinen Gesichtsmuskeln nur irgend erreichbar war. Sehr albern kam ich mir dabei vor. Wie würde so eine Clownsvisage auf dem Foto aussehen?

Ich wartete eine Weile, dann rief mich die Fotografin an ihren Computer.

»Die sind am besten geworden, finde ich«, sagte sie und zeigte auf den Bildschirm.

Ich betrachtete die Bilder aufmerksam. Ich hatte nicht die Spur eines Lächelns in meinem Gesicht. Ich schaute so finster, als wäre ich während der Aufnahme Zeuge meiner eigenen Beerdigung gewesen. Man konnte mit diesem Foto Kinder erschrecken oder psychiatrische Fachbücher über Depression illustrieren. Mit einem Schlag wurde mir bewusst: Ich hatte in den letzten Jahren nicht ein einziges Mal gelächelt, nicht einmal in jenen Augenblicken, in denen ich fest davon überzeugt gewesen war, es zu tun.

»Vielen Dank! Die sehen doch gut aus!« sagte ich.

»Schön, dann drucke ich sie aus.«

Ich lief gedankenverloren hinüber zur Kasse. Plötzlich begriff ich, wieso ich in meinem Leben so oft schon die Sätze »Was guckst du denn so komisch?« und »Geht es dir nicht gut?« gehört hatte. Es war mir nicht länger rätselhaft, weshalb Freunde mir gelegentlich den Spitznamen »Psycho« zuwiesen. Ich verstand, wieso meine Erfolge bei dem Mädchen, in das ich mich verliebt hatte, bisher ausgeblieben waren. Ich hatte geglaubt, mit charmanten Blicken ihr Herz zu schmelzen. Sie hingegen dachte ständig: Scheiße, jetzt starrt mich dieser Irre wieder so bösartig an!

»Hast du es passend?«, fragte die Fotografin.

Ich hatte in Gedanken den Preis nicht gehört und gab ihr sicherheitshalber einen Fünfzig-Mark-Schein. Sie gab mir das Wechselgeld und die Fotos in einem weißen Umschlag aus Pappe. Ich verabschiedete mich mit dem, was ich für ein Lächeln hielt.

Wieso wandelte ich als finsterer Schatten auf Erden? Was hatte mein Gesicht derart versteinert? Ich grübelte und kam auf die Lösung: Ich bin ein von Natur aus furchtsamer und scheuer Mensch, der sich immer von einem Horizont drohender Gefahren umstellt sieht. Also hatte ich mir offenbar angewöhnt, in der Öffentlichkeit ein möglichst abschreckendes Gesicht zu zeigen. So wollte ich die unangenehmen und gefährlichen Zeitgenossen davon abhalten, mir auf die Nerven zu gehen oder mich zu verprügeln. Das gelang mir auch ganz gut. Aber mein abweisendes Antlitz hielt wohl auch liebenswerte Menschen davon ab, mit mir Bekanntschaft zu schließen. Ich hatte mich in eine Festung verwandelt, und mein Gesicht ähnelte einem stets verriegelten Burgtor.

Zu Hause schloss ich mich im Badezimmer ein und stellte mich vor den Spiegel. Ich betrachtete mich selbst und versuchte dabei, verschiedene Gesichtsausdrücke zu modulieren.

»Was machst du denn schon wieder so lange da drin?«, rief mein Vater durch die geschlossene Tür.

»Ich lächle«, antwortete ich.

»Was?«, fragte es von draußen.

»Ich lächle!«, wiederholte ich laut.

Schritte entfernten sich und ich wandte mich wieder meinem Spiegelbild zu. Aber je länger ich so trainierte, desto alberner kam mir die ganze Sache vor. Seine Mimik und Gestik vorm Spiegel üben – machten das nicht Leute wie Adolf Hitler? Der Fremde im Spiegel schaute immer mürrischer, je strenger ich ihm befahl, endlich zu lächeln.

Jemand drückte die Klinke herunter und rüttelte an der verschlossenen Tür.

»Was ist denn los?«, rief meine Mutter.

Ich brach ab und verließ das Badezimmer.

»Was guckst du denn so komisch?«, fragte meine Mutter. »Geht es dir nicht gut?«

»Mir geht es bestens«, erwiderte ich. »Man sieht es bloß nicht.«

Ich hockte mich allein in mein Zimmer und wartete gefasst auf den Anruf der Fotografin, die aller Wahrscheinlichkeit nach bald darum bitten würde, mein Porträt ins Schaufenster stellen zu dürfen.

# Das Lächeln
# der Schweine

Wenn ich an einer Fleischerei vorbeikomme, dann wundere ich mich über das Pappschild, das fast immer vor der Tür steht. Es zeigt ein lächelndes Schwein, das die Angebote des Tages präsentiert. Ich frage mich: Würde irgendein Schwein wirklich so lächeln, wenn es wüsste, dass es Schweinemedaillons zum Sonderpreis anbieten soll? Sind das Schwein und der Metzger denn Kollegen? Sind sie nicht eher so etwas wie natürliche Feinde? Immerhin lebt ja der eine davon, dass der andere erledigt und ausgenommen wird. Ist es da nicht geradezu zynisch, wenn Fleischer mit Bildern von lächeln-den Schweinen werben? Andererseits: Banken werben ja auch mit Bildern von lächelnden Kunden.

Wie oft hören wir Gestalten des öffentlichen Lebens mit wei-nerlicher Stimme beklagen, das Lächeln sei aus unserem Leben verschwunden. Alle Menschen seien im Alltag nur noch mit ge-senktem Blick und finsterer Miene unterwegs. Nicht die geringste Spur von Freundlichkeit bilde sich mehr im verhärmten Antlitz des Menschen ab. Keiner habe mehr ein liebes Wort für seinen Nächs-ten. Angesichts dieses Sittenverfalls sei es doch nur natürlich, wenn es auch mit unserer Gesellschaft bergab gehe, während in der guten alten Zeit ...

So leiern die Tiraden der Margotkäßmänner unseres Landes. Aber ist denn das Lächeln wirklich verschwunden? Werden wir nicht vielmehr allerorten unverlangt von Fremden angegrinst? Auf Plakaten und Titelseiten, im Fernsehen und im Internet – überall fletschen Leute ihre Zähne. Es ist aber nicht immer klar auszumachen, ob es sich dabei um Lächeln handelt oder um die Drohmiene von hungrigen Kannibalen. Wenn uns ein Fremder an der Haustür oder auf der Straße anlächelt, dann weckt dies keine Freude, sondern nur den Fluchtinstinkt. Denn wir wissen: Wer grundlos lächelt, der will uns irgendetwas andrehen, einen Staubsauger, einen neuen Telefonanbieter oder einen besseren Gott. Das Lächeln ist inzwischen Erkennungszeichen des Betrügers. Wir machen uns aus dem Staub, wenn wir es auch nur in der Ferne erblicken.

Zähne zeigen dürften selbst in der Werbung eigentlich nur die Hersteller von Artikeln zur Mundhygiene. Aber in der Reklame lächeln alle, als wollten sie Zahncreme verkaufen. Vorher: Eine gebeugte, graue Gestalt blickt aus unerfindlichen Gründen traurig in die Kamera. Nachher: Ein glücklicher Kunde lächelt strahlend, denn er hält ein Produkt in seinen Händen. Die Botschaft ist so einfach, dass selbst eine Amöbe sie noch verstünde: Konsum macht glücklich. Und das Lächeln bezeugt das käufliche Glück. Am penetrantesten lächeln allerdings Politiker. Bei diesen bedauernswerten Kreaturen handelt es sich ja auch um Menschen, die zugleich Händler und Produkt sind, um Menschen also, die sich selbst verkaufen müssen. Deswegen lächeln sie immer wie die Schweine, die ihr eigenes Fleisch anpreisen.

Die Verweigerung des Lächelns ist unter diesen Umständen überhaupt kein Symptom des Verfalls, sondern ein Zeichen des Protests. Die Menschen würden gern lächeln, aber die Verhältnisse, sie sind nicht so. Wer lächelt, der zeigt nur, dass er einverstanden ist. Die mündigen Bürger wollen nicht den schauspielernden Betrügern gleichen, die sie aus der Reklame kennen. Der Mensch hat ein Recht auf schlechte Laune. Wenn man aber die Mündigkeit der Massen an der Hartnäckigkeit ihrer schlechten Laune erkennen kann, dann wird die kommende Weltrevolution zweifellos in Berlin beginnen.

Ein gewöhnlicher Dialog in einer Berliner Fleischerei verläuft ungefähr wie folgt:

»Een halbet Pfund jemischtet Hack!«

»Na, wie heeßt det Zauberwort?«

»Ick zahl ooch.«

»Na jut, aber ick sache gleich, es schmeckt heut nich besonders.«

»Meinse, ick koof Ihr Fleisch zum essen? Dit nehm ick als Kitt für die Ritzen beim Fenster!«

»Na, is ooch besser! Diesma sind sowieso paar Krümel Rattenjift rinjeraten.«

»Allet klar, schön Tach noch!«

»Du mich ooch!«

Der ahnungslose Außenstehende, der aus der Fremde Zugereiste glaubt vielleicht, hier einem Fall von Unfreundlichkeit zu begegnen, einem Streit womöglich gar. In der Tat handelt es sich aber um eine typische Berliner Verbrüderung im Geist der schlechten Laune. So wie der Käufer signalisiert, dass er nur ungern kauft, macht der Verkäufer deutlich, dass ihm am Profit nichts gelegen ist. Gemeinsam protestieren sie so gegen die schrecklich gute Laune der Konsumgesellschaft. Dies ist der Geist der keimenden Revolte: Noch müssen wir mitmachen, aber schon lächeln wir nicht mehr dabei.

# Vergessene
# Hausaufgaben

Immer öfter höre ich in der letzten Zeit ein Wort, das ich eigentlich nie wieder hören wollte: »Hausaufgaben«. Mich überfällt dann ein Schrecken und Schauder wie in den Albträumen, in denen man als erwachsener Mensch plötzlich noch einmal zur mündlichen Abiturprüfung in Mathematik nach vorn an die Tafel gerufen wird, wo man sich dann auch noch nackt wiederfindet. Aus solchen Träumen kann man immerhin erwachen, es ist ein Schrecken mit Ende. Dem Wort »Hausaufgaben« begegne ich aber auch im Wachzustand mittlerweile ununterbrochen, sofern ich mir nicht vorsorglich die Ohren verstopfe.

So höre ich im Radio: »Griechenland muss endlich seine Hausaufgaben machen, bevor weitere Hilfsgelder freigegeben werden können.« Ich weiß schon, was damit gemeint ist: Die Griechen sollen Löhne und Renten noch weiter kürzen, Staatsbetriebe ans Ausland verkaufen und Beamte entlassen. Aber warum muss man diese Forderungen in das pädagogische Wort Hausaufgaben kleiden? Ich lese in der Zeitung: »Die Deutsche Bank muss ihre Hausaufgaben machen, um in Zukunft die selbst gestellten Renditeziele wieder zu erreichen.« Auch hier sind Hausaufgaben Synonym für Kahlschlag und Quälerei. Die Deutschen scheinen mir überhaupt die Erfinder dieser seltsamen Redeweise zu sein. Ich glaube mich jedenfalls zu entsinnen, zum ersten Mal im Zusammenhang mit sogenannten »Reformen« vor einigen Jahren gehört zu haben: »Deutschland muss endlich seine Hausaufgaben machen!« Und wer ist es, der uns seitdem ständig in den Ohren damit liegt, wir müssten unsere Hausaufgaben noch erledigen? Richtig! Die Mutti! Die Mutti von Deutschland: Angela Merkel!

Hausaufgaben sind eine grausame und widernatürliche Strafe, dieses Gefühl hatte ich schon als Schulkind. Da hat man Stunde um Stunde den endlosen Schultag zwischen grauen Mauern abgesessen, endlich klingelt es, man will schon aufspringen und in die Freiheit fliehen, da brüllt der Lehrer: »Moooment! Ihr kennt doch noch gar nicht eure Hausaufgaben! Also: Seite 87 die Aufgaben 3b, 6a und 7c. Ach, und macht doch die 7d gleich noch mit. Und die 7e. Da will ich kein Gestöhne und Gejammer hören! Ihr habt doch den ganzen Nachmittag Zeit! Ich wisst doch sowieso sonst nichts mit euch anzufangen! Dann hier gleich noch eine Aufgabe: Schreibt bis morgen bitte einen dreiseitigen Aufsatz zum Thema: Warum sind Hausaufgaben sinnvoll? Die Texte werden benotet. Und nun Abmarsch!«

Erwachsene finden es selbstverständlich, dass Kinder in ihrer Freizeit noch Hausaufgaben machen müssen. Eröffnete ihnen aber ihr Chef, sie hätten ab sofort grundsätzlich alle unerledigten Akten oder unfertigen Maschinenteile nach Feierabend noch daheim zu bearbeiten, dann wären sie wohl doch etwas ungehalten. Bloß mit den Kleinen kann man's ja machen! Wer erinnert sich nicht an das schreckliche Gefühl abends um fünf beim Fußballspiel auf der Wiese, als einem plötzlich einfiel: Scheiße, ich muss ja die Hausaufgaben noch machen! Wie deprimiert man sich dann nach Hause schleppte, die Hefte aus dem Ranzen zog, sich an den Küchentisch setzte und Zeile für Zeile aufs Papier quälte! Am nächsten Morgen saß man im Schulbus dann immerhin mit der Gewissheit, alles erledigt zu haben. Aber insgeheim bewunderte man doch den Rabauken, der seine Hausaufgaben nicht gemacht hatte und sie im Bus noch schnell vom klügsten Mädchen abschrieb. Die Klassenlehrerin kannte den Schlingel natürlich gut und löcherte ihn bei der Kontrolle der Hausaufgaben so lange mit Fragen, bis er zugab, sie gar nicht selbst erledigt zu haben. Über die Note, die ihm dafür eingetragen wurde, lachte er nur. Es war ihm egal. Die braven

Jungs warfen diesem unerschrockenen Rebellen anerkennende Blicke zu, die Mädchen schmachtende.

Wenn Angela Merkel in Europa die Hausaufgaben kontrolliert, dann wirkt sie wie eine Oberlehrerin alter Schule. In ihren Augen sind alle Bürger unmündige Kinder, denen man auf die Finger sehen und notfalls hauen muss. Wir Deutschen haben ihren Anweisungen natürlich brav gehorcht, sogar noch die freiwillige Zusatzaufgabe gelöst. Deswegen bekommen wir auch eine Eins, dürfen in der ersten Reihe sitzen und sind die Musterschüler, die allen anderen als Vorbild präsentiert werden. Nur kann uns Streber darum in Europa auch keiner leiden. Die Griechen hingegen sind die Lümmel von der letzten Bank, versetzungsgefährdet, aber fröhlich, chaotisch und ungezogen, aber beliebt, besonders bei den Mädchen. Hand aufs Herz, liebe deutsche Musterbürger! Ihr seid doch den Griechen nur deswegen so böse, weil ihr insgeheim gerne so wärt wie sie!

# Das große Glück
# der Krise

Das Unglück des Deutschen ist das Klima. Frierend hockt er in seiner kalten, dunklen, nassen Heimat, wo man die Zeit durch nichts als Arbeit vertreiben kann. Er sehnt sich fort aus diesem scheußlichen Norden, fort in die südlichen Länder, wo die Citronen blühn, wo ein sanfter Wind vom blauen Himmel weht, die Myrthe still und hoch der Lorbeer steht. Und in seiner Sehnsucht kann es ihm passieren, dass ihn im Wartezimmer beim Zahnarzt das Titelbild einer alten Ausgabe der Zeitschrift *FOCUS* verzaubert: Eine südliche Gebirgslandschaft unter azurblauem Himmel ist da zu sehen, davor eine leuchtend weiße Terrasse, ein Swimmingpool und eine Liege. Der Deutsche sieht die Schlagzeile *In der Euro-Krise zum eigenen Ferienhaus*, blättert das Heft auf und liest einen Abschnitt der Titelgeschichte:

*Jeder hat sich wohl schon einmal ausgemalt, wie es wohl wäre, einen eigenen Rückzugsort am Lieblingsferienort zu besitzen. Mit einem Glas Wein unter dem Sternenhimmel auf der eigenen Veranda zu sitzen, während es zu Hause in Deutschland längst kühl ist. Mit der Vespa frühmorgens zum Fischmarkt zu fahren und einzukaufen.*

Der Deutsche gerät bei diesen Worten gleich ins Träumen, etwas, das ihm nicht oft passiert. Er sieht sich selbst auf diesem Liegestuhl, bräunt sich in der strahlenden Sonne, erhebt sich dann, springt ins kühle Nass und schwimmt einige Runden unter dem azurblauen Himmel seiner neuen Wahlheimat. Erfrischt steigt er aus dem Wasser und holt sich einen Drink aus der Hausbar. Er nimmt einen Schluck und schlummert glücklich auf seinem Liegestuhl ein.

Doch da weckt ihn plötzlich ein erschreckender Gedanke aus seinen Träumen: Ich bin ja leider gar nicht reich! Nie werde ich mir so ein Ferienhaus leisten können! Verzweifelt schaut er wieder in den *FOCUS*:

*Die Deutschen, sie kaufen. Nach einer gemeinsamen Umfrage des Ferienhaus-Portals Fewo-Direkt und des Großmaklers Engel & Völkers erwarben in jedem der vergangenen drei Jahre fast doppelt so viele Befragte eine Ferienimmobilie wie noch 2008. »Und es sind nicht nur Vermögende, die kaufen«, beobachtet Fewo-Chef Tobias Wann. »Ein eigenes Feriendomizil leisten sich auch Normalverdiener.«*

Aber wie machen die deutschen Normalverdiener das nur? So fragt sich der deutsche Normalverdiener. Hastig blättert er weiter auf der Suche nach Antwort. Und der FOCUS enttäuscht ihn nicht:

*Die Schuldenkrise in südeuropäischen Staaten wie Portugal, Griechenland und Spanien verstärkt den Kaufimpuls. Das Kalkül vieler Interessenten: Durch Notverkäufe in den Krisenländern sinken die Immobilienpreise deutlich, und das Ferienhaus lässt sich oft als Schnäppchen erwerben.*

Der Deutsche ist verwirrt. Die Eurokrise, sie hatte ihm bislang immer nur Angst gemacht. Hatte ihm nicht der *FOCUS* stets berichtet, sie koste den braven deutschen Steuerzahler Milliarden, die man den faulen Südländern in den Rachen warf? Die Stabilität der Währung sei bedroht, die Ersparnisse nicht mehr sicher? Und nun stellt sich plötzlich heraus, dass die Eurokrise ein wahrer Segen ist – wenigstens für den deutschen Normalverdiener mit Sehnsucht nach dem Süden. Den Portugiesen, Spaniern und Griechen geht's freilich an den Kragen. Aber das haben sich diese Schurkenstaaten ja auch verdient. Strafe muss sein! Und wer nicht zahlen kann, der muss verkaufen. Sollen doch die Südländer jetzt im Norden schuften, während die Deutschen endlich unter der südlichen Sonne, die jetzt ihnen gehört, entspannen können!

Aber wie genau geht man als deutscher Normalverdiener im Ausland am geschicktesten vor? Nicht immer haben sich ja die Deutschen bei der Landnahme in der Fremde ganz korrekt verhalten. Aber der *FOCUS* hat ein leuchtendes Beispiel parat:

*Der Neusser Verkaufsleiter Colin Schneider hat sein Traumhaus schon im vergangenen Jahr in Portugal gefunden, in der Kleinstadt Aljezur. Vor der Dachterrasse glitzert der Atlantik. Das Haus hat einen Pool, neun Zimmer und sieben Bäder.»Die perfekte Immobilie, um meine Idee von einem Gästehaus für Wellenreiter und Enduro-Fahrer zu verwirklichen«, sagt er, der selbst gern mit seinem Geländemotorrad die Küste entlangfährt. Doch damals verlangte der portugiesische Eigentümer noch 450 000 Euro – zu viel für Schneider. Er spekulierte aber darauf, dass der Verkäufer mit dem Preis weiter heruntergehen würde. Wegen der anhaltenden Euro-Krise fielen in vielen Mittelmeer-Regionen die Immobilienwerte. Schneider richtete sich in der Nähe in einem Wohnwagen ein und wartete. Der Verkäufer ließ sich schließlich herunterhandeln – auf knapp 300 000 Euro. »Zum Schluss kam ich mir vor wie auf einem arabischen Basar«, sagt Schneider, der nun der neue Herr des Anwesens mit dem fantastischen Ausblick ist. »Wenn ich auf meiner Dachterrasse stehe und auf das Meer schaue, bin ich glücklich.« Er träumte einen großen Traum – und hat ihn sich erfüllt.*

Potztausend, dieser Colin Schneider ist ein wahrer Teufelskerl, ein Prachtdeutscher! Weder Mitleid noch Scham halten ihn davon ab, die finanzielle Notlage eines Portugiesen auf das geschickteste auszunutzen. Als der Südländer beim ersten Gespräch einen angemessenen Preis verlangt, lehnt Colin Schneider eiskalt ab. Ein deutscher Verkaufsleiter bestimmt selbst, wie viel er zahlen will! Er hat Geduld, denn er weiß: Die Krise arbeitet im deutschen Sinne. In seinem Wohnwagen hält er tapfer aus, fährt ab und zu auf seiner *Enduro* die Küste entlang, winkt täglich einmal lachend seinem Opfer über den Zaun zu. Endlich wird dessen Verzweiflung übermächtig. Unter Tränen bittet er um eine neue Unterredung, bietet nun an, sein Anwesen unter Wert zu verkaufen. Aber Colin Schneider wittert die Schwäche des Feindes und unterbietet ihn noch einmal! Ein wahrer Triumph!

Vielleicht löst das große Beispiel von Colin Schneider eine neue Völkerwanderung aus. Viele Wohnungen werden in der Krise frei im Süden, halbe Städte stehen inzwischen leer. Einige Portugiesen, Spanier und Griechen ziehen inzwischen ein Leben auf der Straße einem festen Wohnsitz vor. Andere haben sich auf den Weg in den Norden gemacht, um dort mit ihrem Hochschulabschluss eine Anstellung als Paketträger oder Kellner zu finden. Und einige besonders mutlose Verlierer haben sich gleich ganz aus dem Leben verabschiedet. Wer sich also den Traum von einer Wohnung im Süden erfüllen will, der sollte bei der Wohnungsbesichtigung darauf achten, ob der Vormieter eventuell noch von der Decke baumelt. Auch Kleiderschränke, Dachböden und Gefriertruhen können unangenehme Überraschungen beinhalten. Möglicherweise noch vorhandener Gasgeruch lässt sich durch gründliches Lüften vertreiben.

Einen Gedanken sollte man sich als Deutscher in jedem Fall verbieten, um nicht die Freude am neuen Leben im sonnigen Süden zu vergällen: Warum nur finden sich so oft, wenn die Träume von Deutschen wahr werden, andere Menschen in ihren schlimmsten Albträumen wieder?

# Im Kampf
# um den Kopf

In Chemnitz, dieser sonst so friedlichen sächsischen Metropole, tobte während der letzten Fußballweltmeisterschaft unter den Bewohnern ein erbitterter Krieg – glücklicherweise nur im Internet, wo außer der deutschen Sprache keine Opfer zu beklagen waren. Gestritten wurde um die wichtigste Sehenswürdigkeit, die Chemnitz aufzuweisen hat: den »Nischel« von Karl Marx, einen wuchtigen Bronzeschädel von Lew Kerbel. Im Auftrag der Stadt Chemnitz hatte die Werbeagentur *Zebra* für die Imagekampagne »Die Stadt bin ich!« dem Sockel des Monuments ein Deutschland-Trikot samt Logo von *Mercedes-Benz* übergestreift. Die Wangen des Kommunisten zierte eine schwarz-rot-goldene Fanbemalung. Die *Bild*-Zeitung jubelte: »Karl Marx ist Deutschlands größter Fan«. Die Reaktionen der Chemnitzer waren gespalten: Eine Hälfte der Bevölkerung lobte die Aktion als »frech und witzig«. Die andere Hälfte beklagte eine »Denkmalschändung« und jammerte: »Karl Marx würde sich im Grabe umdrehen!« Ob der Philosoph tatsächlich rotierte, ließe sich nur durch eine aufwändige Exhumierung eruieren. Experten gehen aber davon aus, dass Tote sich gewöhnlich nur umdrehen, um auf der anderen Seite ruhig weiterzuschlafen. Militante Gegner des Projekts entrissen Karl Marx nach der ersten Einkleidung sein Trikot und ließen es anschließend wie Müll zurück, besprüht mit dem Zitat: »Arbeiter haben kein Vaterland.« Die *Bild*-Zeitung beklagte einen »Vandalismus-Anschlag« und mangelnde »Toleranz«. Marx wurde zu den weiteren Spielen der

Nationalmannschaft neu eingekleidet. Beim Sieg der Deutschen im Endspiel verzog er allerdings keine Miene.

Während dieser Streit um den Nischel die Stadt Chemnitz bereits tief erschütterte, bahnt sich nun ein weiterer, noch schlimmerer Konflikt an. Wegen klammer Kassen plant die Stadt Chemnitz nämlich, das Marx-Monument an einen privaten Investor zu veräußern. Reichster und aussichtsreichster Interessent ist dem Vernehmen nach der Hamburger Milliardär Sven von Pfeffersack, Eigentümer des Immobilienkonzerns *GentrInvest*. Insider berichten, Pfeffersack plane, den Nischel zu entkernen, um in dem Hohlkopf eine Eigentumswohnung der Luxusklasse einzubauen. Die hohe Stirn des Philosophen biete genügend Raum für einen Balkon, die Tiefgarage könne direkt unter dem Sockel des Denkmals gebaut werden. Die Stadt Chemnitz soll bereits Zustimmung zu diesen Plänen signalisiert haben. Im Gegenzug will der Investor das weltberühmte Relief an der Fassade des benachbarten Hauses auch noch auf eigene Kosten sanieren. Der Schriftzug des Reliefs soll nur geringfügig abgewandelt werden. In Zukunft wird in vier Sprachen zu lesen sein: »Proletarier aller Länder, verneigt euch!«

Protest gegen die Pläne regt sich jedoch in der Linken. Die neomarxistische Ikone Sahra Wagenknecht hat in einem Offenen Brief angekündigt, ein eigenes Gebot für den Nischel abgeben zu wollen. Sie erklärt, in den Werken Hegels habe sie Hinweise darauf gefunden, im Nischel könne sich ein bislang unbekannter vierter Band von *Das Kapital* befinden. In diesem erläutere Marx deutlich, wie der Kommunismus als Verein freier Menschen verwirklicht werden kann, ohne zur Diktatur von Bürokraten zu degenerieren. Wagenknecht hat bei der Chemnitzer Stadtverwaltung eine Probebohrung beantragt. Zur Finanzierung startete sie die Crowdfunding-Aktion »Marx 3000«, die allerdings bislang nur 12,70 Euro erbrachte. Der Tenor der Kommentare bei *Facebook*: »Ich bin auch echt links und unterstütze den Kommunismus total, aber dafür bezahlen? Das geht gar nicht!«

Was aber sagt ein einheimischer Experte zu diesem Kampf um einen Kopf? Karl-Heinz Schnuppke, zu Zeiten der DDR Professor für Marxismus-Leninismus an der Technischen Hochschule von Karl-Marx-Stadt, äußerte sich am Telefon: »Leckt mich doch alle am Arsch! Ich hab gerade die letzten Bücher von Wolfgang Pohrt gelesen. Jetzt weiß ich, dass der Kapitalismus unbesiegbar ist und aller Protest sinnlos und scheißegal. Macht doch mit Marx, was ihr wollt! Im Kapitalismus gibt es halt nichts, was nicht verwertet wird, nicht einmal die sterblichen Überreste des Kommunismus. Wenn es Che-Guevara-T-Shirts gibt, warum nicht auch das? Entschuldigen Sie mich jetzt bitte, ich gehe auf den Dachboden, um mich aufzuhängen. Auf Wiederhören!«

# Big in Chemnitz

In Filmen, denen das Etikett »sozialkritisch« angeheftet wird, gibt es üblicherweise mindestens einmal folgende Szene: Der Verarmte, Entrechtete oder sonstig Gebeutelte drückt seine Nase platt an einem Schaufenster, hinter dem Zuckerkuchen, Schweinehälften oder kostbares Geschmeide verführerisch glänzen, Waren, die er sich allesamt nicht leisten kann. Oder der Unglückliche blickt aus dem Dunkel in einen hell erleuchteten Tanzsaal, in dem reiche und schöne Menschen ausgelassen feiern, muss dann aber selbst allein in seine kalte Kellerwohnung trotten, wo ihn nur eine Ratte quiekend begrüßt. Oder der Unglückliche sieht durch die Fensterscheibe in ein feines Restaurant, wo seine Angebetete gerade einen reichen Nebenbuhler küsst, der ihr dann mit einem goldenen Löffel Kaviar ins Mäulchen stopft. Die Methode ist eingängig: drinnen versus draußen, Insider versus Außenseiter, da flutscht die Symbolik. Gelegentlich gerät ein Armer in Filmen auch mal auf abenteuerliche Weise in die fremde Welt der Reichen und sorgt dort für Turbulenzen. Damit es dazu kommt, muss aber schon Ungewöhnliches passieren, zum Beispiel die *Titanic* untergehen.

Auch ich stolpere gelegentlich in die Welt der Reichen – und zwar merkwürdigerweise immer dann, wenn ich mich aus beruflichen Gründen in Chemnitz aufhalte. Regelmäßig bringen mich meine Gastgeber in dieser Stadt nämlich in 4-Sterne-Hotels unter, Quartieren also, die ich in München oder Frankfurt nur von außen betrachten dürfte. Wie kommt das? Ich vermute, dass die Luxusherbergen in Chemnitz nicht sonderlich gut ausgelastet sind, da die oberen Zehntausend der Metropole des Erzgebirgsvorlandes eher selten einen Besuch abstatten. Die Hotels sind froh über jeden Gast, sogar über mich. Während anderswo der Pöbel durch gepfefferte Preise ferngehalten werden kann, müssen die Chemnitzer Hoteliers durch Preisnachlässe locken und rollen selbst den letzten Kunden noch einen roten Teppich aus.

Als Sohn der Arbeiterklasse sind mir solche Nobelhotels aber nicht ganz geheuer. Ich habe kein Problem damit, mich auf weichgeruckelte Matratzen in Jugendherbergen zu betten oder auf Sofas von Bekannten zu übernachten, in teuren Hotels jedoch fühle ich mich fehl am Platz. Schon beim Einchecken mustert mich der Angestellte wissend. Er sieht ja, dass ein Fremder für mich bezahlt hat, und weiß darum: »Aha, wieder so ein Künstler! Na, hoffentlich schmeißt dieser Schmarotzer nicht den Fernseher aus dem Fenster, brennt Löcher in den Teppich oder kackt in die Dusche!« Ich unterschreibe unter seinem prüfenden Blick einen Wisch, dann drückt er mir ein Kärtchen in die Hand. Schlüssel gibt es in teuren Hotels keine mehr, wahrscheinlich, weil reiche Leute es inzwischen gewohnt sind, alles mit einer Karte abzuwickeln. Ich nehme dann nicht den Fahrstuhl hinauf zu meinem Zimmer, sondern laufe die Treppen nach oben, weil ich die Bodenhaftung nicht verlieren möchte.

In meinem Zimmer werfe ich erst einmal das Päckchen mit der Gratisschokolade, das auf dem Kopfkissen liegt, in den Mülleimer. Ich möchte nicht, dass die Hotelangestellten denken, ich hätte es nötig, das zu fressen, um meinen Hunger zu stillen. Sicher prüfen sie morgens immer, wer seine Schokolade gegessen hat und wer nicht, um zu ermessen, welche Sorte Mensch da im Zimmer übernachtet hat. Selbstverständlich reiße ich auch nie das Päckchen mit der Gratisseife auf, wenn ich mich im Bad wasche. Ich lege mich in das viel zu große Bett in meinem viel zu großen Zimmer und kann nicht einschlafen. Ich schalte den Fernseher an. Aber ich bleibe immer auf BBC World News, weil ich befürchte, dass ein Alarm anspringt, sobald ich auf RTL 2 umschalte. Irgendwann mache ich den Fernseher aus und lösche das Licht. Bei jedem Schritt im Flur denke ich: Jetzt kommen sie! Gleich brechen sie die

Tür auf und brüllen: »So, du Dorflümmel, raus! Du dachtest wohl, du kannst uns für dumm verkaufen! Zieh dir was an, pack deine Sachen zusammen und dann runter in die Küche! Dort wäschst du erst mal zehn Stunden ab, um die Stunde zu bezahlen, die du hier unbefugt herumgelegen hast!«

Aus rätselhaften Gründen bin ich bislang noch nie als der Hochstapler aufgeflogen, der ich eigentlich bin. Stattdessen erwache ich morgens aus unruhigen Träumen. Dann mache ich sinnloserweise mein Bett, um zu beweisen, dass ich ein ordentlicher Mensch bin. Nach dem Duschen putze ich auch das Bad, denn mir ist die Vorstellung unangenehm, dass eine schlecht bezahlte Ukrainerin Dreck beseitigen muss, den ich hinterlassen habe. Wir sind schließlich beide Kinder der Arbeiterklasse. Auch daheim werde ich mir nie im Leben eine Putzfrau zulegen, es hätte keinen Zweck: Ich würde stets die Wohnung putzen, bevor die Reinigungskraft anrückte, um mich nicht als Schmutzfink zu blamieren.

Nur manchmal verschwinde ich nicht sofort aus dem Hotel, sondern gehe noch hinunter zum Frühstück, so als hätte ich ein Anrecht darauf. An den Tischen sitzen westdeutsche Rentnerehepaare und Geschäftsleute, die mich als fremden Eindringling misstrauisch beäugen. Ich lege das trockenste Brötchen, zwei Scheiben vom gewöhnlichsten Käse, zwei Kirschtomaten und eine Melonenscheibe auf meinen Teller. Ich möchte nicht wie ein Ausgehungerter wirken, der die seltene Gelegenheit nutzt, sich kostenlos Speck für den Winter anzufressen. Es ist oft schwer, so zu tun, als wäre ich gar nicht hungrig und würde nur aus Höflichkeit etwas essen. Aber gewiss achten die Angestellten genau darauf, ob die Portionen der Gäste zu groß ausfallen. Warum sonst gibt es beim Orangensaft immer nur so winzige Gläser, in die man kaum einen Schluck füllen kann? Verstohlen trinke ich am Buffet immer gleich zwei Gläser hintereinander. Dann setze ich mich an einen der Tische und schlinge die feste Nahrung hastig in mich hinein. Ich beeile mich, denn draußen an der Scheibe drücken sich die Chemnitzer die Nasen platt. Bald werden sie das Hotel stürmen und diesem ganzen Spuk ein Ende machen.

# Die weißen Zwerge

Vor einer Weile sorgte der französische Politikwissenschaftler Antoine Buéno für Aufsehen: Er trat mit der Behauptung an die Öffentlichkeit, die allseits beliebten Schlümpfe seien keine harmlosen, gezeichneten Zwerge, sondern Vertreter einer faschistischen Diktatur. Man staunte und stutzte. Das Dorf der Schlümpfe eine totalitäre Gesellschaft? Der belgische Zeichner Peyo ein Propagandist autoritärer Lebensformen? Aber die Indizien sind nicht von der Hand zu weisen: Angeführt werden die winzigen Gesellen von einem Großen Schlumpf, der nur in der deutschen Übersetzung den niedlichen Namen Papa Schlumpf trägt. Alle niederen Schlümpfe schulden diesem lieben Führer unbedingten Gehorsam. Jeder der kleinen Hinterwäldler verrichtet brav seine Arbeit in einem hermetisch von der Außenwelt abgeschiedenen Dörfchen. Beruf und Charakter trägt jeder Schlumpf schon im Namen, so kann keiner seinem Stand und Schicksal entkommen. Der schlaue Schlumpf bleibt immer schlau, der starke Schlumpf bleibt immer stark, der faule Schlumpf bleibt immer faul. Und wer sind die Erzfeinde der Schlümpfe? Ein finsterer, hakennasiger Zauberer namens Gargamel, der die Schlümpfe zu Gold verkochen möchte, und dessen Katze Azraël, die ihren Namen mit dem jüdischen Todesengel teilt. Im allerersten Buch der Comicreihe kämpfen die kleinen Helden übrigens gleich gegen schwarze Artgenossen. Die sind allesamt stumpfsinnig und gewalttätig und verwandeln durch Bisse die blauen Schlümpfe in schwarze Exemplare ihrer Art, was die Zivilisation an den Rand des Untergangs bringt.

Ich musste an diese seltsame Geschichte denken, als ich einmal von Problemen bei der »Deutschen Burschenschaft« las. Die ist auch vom Aussterben bedroht. Es finden sich kaum noch junge Männer, die Lust haben, ihre Zeit mit anderen Burschen beim Singen, Fechten und Saufen zu verbringen. Auch das Tragen von farbigen Uniformen und lustigen Mützen ist etwas aus der Mode gekommen. Da nützt es auch kaum mehr was, wenn die Burschenschaften versuchen, Nachwuchs mit Freibier und verbilligtem Wohnraum anzulocken. Wahrscheinlich, weil die Burschenschaftler ihren eigenen Untergang so deutlich vor Augen haben, sorgen sich viele von ihnen auch sehr um den Untergang des Abendlandes. Nicht weniger als das »deutsche Volkstum« stand nach einer Verlautbarung der »Alten Breslauer Burschenschaft der Raczeks zu Bonn« auf dem Spiel, als ein Nicht-Arier in eine andere Burschenschaft aufgenommen worden war. Deutscher ist man nach Auffassung dieser Burschen nicht etwa, wenn unter Staatsangehörigkeit »deutsch« im Pass eingetragen steht. Nein, entscheidend ist nach ihrer Meinung die »Gesichts- und Körpermorphologie« – denn nur wer nicht von einer »außereuropäischen populationsgenetischen Gruppierung« abstammt, könne zur »geschichtlichen Schicksalsgemeinschaft des deutschen Volkes« gehören. Das war denn jenen Burschenschaften, die sich selbst für liberal halten, doch zu arg. Sie haben den ganzen Verein verlassen, zurück bleiben bloß jene Überdeutschen, denen das Germanentum im Blut liegt.

Wieso sind diese Burschen nur so von der Biologie besessen? Ihr größter Albtraum ist es bestimmt, von einem Schwarzen gebissen zu werden und plötzlich eine andere Hautfarbe zu bekommen. Woher diese Angst? Es scheint mir, als ob ihr Problem ganz das gleiche wie das der Schlümpfe ist: ein eklatanter Mangel an Frauen. Überall dort, wo Männer unter sich sind, wird nur Unsinn und Gewalt produziert: in der Kaserne wie im Firmenvorstand. Der weise Barkeeper Moe aus den *Simpsons* sagte es einmal deutlich: Männer sind Schweine, erst die Frauen sind es, die Männer überhaupt aus dem Tierreich erheben und uns dumme Bestien halbwegs zivilisieren. Überall, wo Frauen fehlen, wird man daher nie Vernunft und Menschlichkeit finden. Männer, bei denen sich die überschüssigen Hormone im Hirn stauen, sind nicht in der Lage, einen klaren Gedanken zu fassen. Denn in ihren geschorenen Köpfen rumoren beständig Fantasien, wer vielleicht gerade wen ordnungswidrig begattet, um Rassenschande über das deutsche Volkstum zu bringen. Sie sind besessen von Reinheit, weil sie sich selber ständig die Buxe verkleistern.

Wie die Burschen, so sehen sich auch die Schlümpfe schon immer dem Verdacht der Homosexualität ausgesetzt, denn sie leben am liebsten mit Männern zusammen und haben eine große Leidenschaft für Uniformen. Wahrscheinlich, um diesen Verdacht zu zerstreuen, haben die Schlümpfe sich wenigstens eine Frau angeschafft. Sie teilten sich sicherheitshalber aber wirklich nur eine einzige, nämlich die strohblonde Schlumpfine. Man will sich gar nicht ausmalen, was diese arme Frau alles erdulden musste. Oder hatte sie gar Freude an ihrer Lage? Man wird jedenfalls annehmen müssen, dass unter den Erzgermanen eine andere Frau eine vergleichbare Rolle spielte. Beate Zschäpe war wohl die Schlumpfine des nationalen Widerstands.

# Die Rückkehr
# der Döner-Nazis

In dem sächsischen Dörfchen, in dem ich aufwuchs, wohnten keine Ausländer. Selbst als Besucher waren nur äußerst selten Fremde vorbeigekommen, nach dem Zweiten Weltkrieg war kurz als Eroberer »der Russe« zu Gast. Erst nach der Wende 1989/90 kamen regelmäßig Ausländer ins Dorf. Immer am Sperrmülltag fuhren Polen durch den Ort und durchsuchten den Kram am Straßenrand nach brauchbaren Dingen. Die Dorfbewohner beäugten die Fremden misstrauisch durch die Gardinen. Da meine Eltern den Urlaub auch nie in der Fremde verbrachten, begegnete mir in meiner ganzen Kindheit nie leibhaftig ein Mensch aus einem anderen Land.

In dem Städtchen, in dem ich später das Gymnasium besuchte, gab es beinahe keine Ausländer, abgesehen von wenigen Vietnamesen, die Gemüse oder billige Kleidung verkauften. Von den Deutschen wurden sie, ganz ohne böse Absicht, selbstverständlich »Fidschis« genannt. In all den Schuljahren bis zum Abitur hatten wir nie ausländische Mitschüler. Nur einmal bekamen wir zwei Spätaussiedler in unsere Klasse. Die trugen deutsche Namen, sprachen aber nur gebrochen Deutsch mit russischem Akzent. Wir belächelten die beiden wegen ihrer abgetragenen Klamotten. Unsere Lehrerin setzte einen der beiden neben mich. Ich half Andreas bei seinen Aufgaben, so gut es ging. Auf die Idee, ihn einmal zu Hause zu besuchen, kam ich nicht. Hinter seinen Namen setzte er bei Unterschriften immer einen Punkt, so wie man es aus sehr alten Büchern kennt. Nach kurzer Zeit verließen die beiden unsere Klasse wieder.

Es gab an unserer Schule einige wenige Punks. Die meisten aber hielten sich politisch für »neutral« oder bezeichneten sich als »national, aber kein Nazi«. Man hatte was gegen Ausländer, ohne wirklich welche zu kennen. Ich war in meiner Pubertät noch so infantil, dass ich mir kaum alleine die Schuhe zubinden konnte. Ich hatte von nichts eine Ahnung, geschweige denn eine eigene Meinung. Also quatschte auch ich abends beim Dosenbier an der Tanke über »die Ausländer« mit, was alle quatschten. Ich war ein armes Würstchen und wollte den Anschluss nicht verpassen. Von den Nazis mit grüner Bomberjacke und weißen Schnürsenkeln in schwarzen Stiefeln hielt man sich aber auf jeden Fall fern. Aus Mangel an Fremden und Linken polierten die Nazis nämlich regelmäßig auch einwandfreien Deutschen die Fresse, falls die sich zur falschen Zeit am falschen Ort befanden. Ich selbst entsinne mich eines etwas brenzligen Moments bei einem Maifeuer, in unserer Gegend sinnigerweise »Hexenbrennen« genannt. Eine besoffene Zweimeterglatze hatte mich am Kragen gepackt und drohte, mich in die Flammen zu schmeißen. Ein befreundeter Punk rettete mich: Er beschimpfte die etwas schwerfällige Glatze lautstark, lenkte sie so ab und ich verkrümelte mich unauffällig zum Bierstand.

In der Nähe gab es ein Heim für Asylbewerber. Man sah und hörte kaum etwas von den Menschen, die dort lebten. Nur manchmal berichtete eine Oma aufgeregt, sie habe einige der Fremden irgendwo am Wegesrand verdächtig herumstehen sehen. Als sich die Nachrichten über fremdenfeindliche Anschläge häuften, lud der Direktor unserer Schule einmal einige der Asylbewerber zu uns in die Schule ein. Nach einer Diskussion in der Aula stand man zusammen im Hof und redete. Wir stellten überrascht fest: Das sind ja ganz normale Leute! Sonst trafen wir Ausländer nur noch, wenn wir beim örtlichen Döner-Imbiss einkehrten. Und auch hier fühlte man sich überraschend schnell heimisch unter Fremden, nachdem man die anfängliche Furcht vor dem Dönersäbel überwunden hatte. Wahrscheinlich hat der Döner in Ostdeutschland mehr im

Kampf gegen den Rechtsradikalismus bewirkt als alle politischen Aufklärungskampagnen zusammen. Es gab sogar sogenannte Döner-Nazis, die trotz aller ideologischen Überzeugung einfach nicht davon lassen konnten, das Schnetzelfleisch im Fladenbrot zu naschen. Regelmäßig wurden die Döner-Nazis wegen ihrer Schwäche für volksfremde Ernährung von Kameraden zusammengeschissen, aber es nutzte nichts. Es schmeckte einfach zu gut!

In den Jahren vorm Abitur lernte ich dann Freundinnen und Freunde kennen, die mir vernünftige Musik vorspielten und mir zeigten, dass man nicht nur *Cabinet Würzig* rauchen kann. Mit ihnen fuhr ich in die alternativen Jugendklubs der Umgebung, wo Hippies und Punks, Metaller und Normalos sich zwanglos und friedlich miteinander vergnügten. Das Brett vor meinem Kopf wurde durchlässiger, bis ich irgendwann halbwegs klar sah. Viel freier und freudvoller war das Leben nun. Vielen Freunden, die sich einst für »national« gehalten hatten, erging es glücklicherweise ebenso. Ich beschloss, dem Provinzdasein bald zu entfliehen und in einer Großstadt zu studieren. Und als Ort für diesen Aufbruch wählte ich – es darf gelacht werden – die Stadt Dresden.

Für ein völlig unbedarftes Landei wie mich war die Dresdner Neustadt allerdings erst einmal wirklich eine neue und aufregende Welt. Dieses Viertel war aber auch untypisch für Dresden und überhaupt den größten Teil des Ostens: Die Dresdner Neustadt hatte sich seit den achtziger Jahren zu einem Biotop für linke Künstler und Lebenskünstler entwickelt. Und sie war nicht nur theoretisch, sondern praktisch weltoffen: Hier begegnete man Menschen aus verschiedensten Ländern. Ich traf feiernde Rucksacktouristen, neugierige Gaststudenten, Künstler auf Tournee, aber auch schon lange ansässige Zuwanderer. So wurde ich endlich leibhaftig mit Fremden bekannt und freundete mich mit Amerikanern und Israelis, mit Polen und Iranern an.

Es geschah in Dresden, im Jahre des Herrn 2014, dass »Abendspaziergänge« gegen eine »Islamisierung des Abendlandes« zur Massenbewegung wurden. Der Anführer dieser Märsche fotografierte sich einmal selbst beim Essen eines Döners, um zu beweisen, dass er kein Nazi sei. Hatte er keine Angst, die Kräutersauce könnte islamistisch kontaminiert sein? Und ein Demonstrant erzählte dem Journalisten Deniz Yücel: »Ich bin nicht gegen alle Ausländer. Wir kommen aus einem Dorf hier bei Dresden, da gibt es einen Dönermann, ein Türke. Der arbeitet hart und ist anständig. Der ist in Ordnung.« Offenbar hatten sich also auch viele ehemalige Döner-Nazis in die Reihen der neuen Montagsdemonstranten gemischt. Die Logik dieser Protestierer war bemerkenswert: Ich kenne einen Ausländer, den ich mag, also bin ich kein Ausländerfeind, obwohl ich doch dafür bin, dass die anderen Ausländer verschwinden. Es gibt offenbar auch Menschenfeinde, die Ausnahmen machen. Im Prozess gegen die Terroristen vom »Nationalsozialistischen Untergrund« erfuhr man, dass die Angeklagte Beate Zschäpe auch ab und zu heimlich Döner gegessen haben soll.

Was stimmt mich eigentlich so traurig, wenn ich die Selbstaussagen der fremdenfeindlichen Dönerfreunde höre? Es ist wohl die Tatsache, dass diese Menschen einen ganz einfachen Gedanken nicht fassen können oder wollen: Wenn der Ausländer, den ich kenne, ganz in Ordnung ist, sind es dann nicht vielleicht auch die meisten der Ausländer, die ich nicht kenne?

Die Demonstrationen der patriotischen Europäer, mehr aber noch die verbreitete Sympathie mit den Patrioten in der Dresdner Bevölkerung waren überraschend und deprimierend für all jene Menschen, die sich ein weltoffenes Dresden wünschen, so auch für mich. Doch der Schock war auch heilsam: Er machte schlagartig offenbar, in welch verschiedenen Welten die Dresdner über Jahre gelebt hatten. Viele Altstädter betreten die Neustadt sowieso nicht, die sie für ein verkommenes Viertel halten, in dem Islamisten, Drogendealer und Punks auf der Straße Ringelreihen tanzen. Aber auch die Neustädter hatten es sich recht gemütlich eingerichtet auf ihrer grünen Insel und darüber den Rest der Stadt vergessen, in dem eine ganz andere Mentalität herrscht und ein gewaltiger Zorn schleichend wuchs. Diese Entfremdung zwischen Bevölkerungsgruppen mag in Dresden besonders krass sein, untypisch für die Lage in unserer ganzen Gesellschaft ist sie nicht.

Vielleicht muss ich am Ende sogar lobende Worte für all den Trubel um die patriotischen Europäer finden: Nicht nur eine Stadt, sondern ein ganzes Land wurde aus Selbstbetrug und Trägheit geweckt und zu einer politischen Debatte über entscheidende Fragen gezwungen. Gleichgesinnte fanden nicht nur auf der einen Seite der Auseinandersetzung zueinander. Die Verbrüderung der Fremdenfeinde weckte bis dahin kaum gekannte Solidarität mit Fremden. Es gibt nach diesen verkorksten zwei Jahren gewiss keinen Grund zur Freude, aber auch keinen, die Hoffnung aufzugeben – nicht einmal für Dresden.

# Meine
# Dresdner Jahre

Obwohl ich mehr als zehn Jahre in Dresden gelebt habe, bin ich doch kein Dresdner geworden. In den Augen der Ureinwohner ist das für einen Zugezogenen natürlich ohnehin unmöglich. Er wird am fehlenden Dialekt bis zum Lebensende leicht als einer erkannt, der »ni von hier« ist. Aber auch ich selbst fühlte mich nie so recht als Dresdner, bloß wie einer, der bis auf Weiteres in Dresden wohnt. Woran mag es liegen, dass ich mit einer Stadt nie ganz warm geworden bin, die für viele der Inbegriff von Schönheit und Lebenswert ist?

Vielleicht fühlte ich mich in der Hauptstadt der Sachsen nicht wirklich zu Hause, weil ich eigentlich gar kein richtiger Sachse bin. Aufgewachsen bin ich in der Nähe von Görlitz, in der niederschlesischen Oberlausitz, jenem Schnipsel Preußens, der nach dem Zweiten Weltkrieg von den Sachsen okkupiert wurde. Völkerpsychologie hat natürlich immer etwas Ungerechtes und Unhaltbares. Aber seit ich in Berlin wohne, muss ich doch feststellen, dass mir die raue, aber auch gerade Art der Preußen mehr liegt als die gelegentlich hinterfotzige sächsische Höflichkeit.

Aber kann ich mich denn eigentlich über Dresden beschweren? Haben mir die Dresdner nicht allerlei Gutes getan? Persönlich war für mich in der Tat allenfalls mein Start in Dresden etwas holprig. Aus Mangel an Geld und Ahnung quartierte ich mich mit dem Beginn meines Studiums in Gorbitz ein, einem in den achtziger Jahren aus dem Boden gestampften Neubaugebiet am westlichen

Rand der Stadt. Meine Plattenwohnung befand sich in der Nähe des Amalie-Dietrich-Platzes, der nach einer emanzipierten Weltreisenden und Naturforscherin aus dem 19. Jahrhundert benannt ist. Einen zweifelhaften Ruhm erlangte der Platz allerdings eher durch die Willkommensbotschaft, die eine Zeitlang über einem Fußgängertunnel die Besucher des Stadtteils begrüßte: »Kommst du mal nach Gorbitz rein, soll dein Gruß Heil Hitler sein«. Das Graffito war schon verschwunden, als ich nach Dresden zog, und auch die schlimmsten Zeiten des Neonazi-Terrors waren vorbei. Gleichwohl gehörten Pöbeleien in der Straßenbahn immer noch zum Alltag. Um Opfer zu werden, musste man gar kein Ausländer sein, es reichte, wie ein »Student« auszusehen oder »schwul« oder irgendwie »links«. Daran hat sich bis heute nichts geändert.

Gorbitz war es so ergangen wie den meisten Neubaugebieten im Osten. Einst beliebt und begehrt bei allen Bevölkerungsschichten, waren nach der Wende viele, die es sich leisten konnten, in sanierte Altbauwohnungen oder Eigenheime umgezogen. Zurück blieben vor allem ältere Menschen, die nicht mehr weggehen mochten, aber auch Leute, die trotzig die Stellung hielten, um ihr angestammtes Viertel nicht preiszugeben. Hinzu kamen Arme und Arbeitslose, vom Amt zu billigem Wohnen verdonnert, viele von ihnen russlanddeutsche Einwanderer. In meinen Jahren in Gorbitz sah ich früh die Schattenseite von Dresden. Da war stets eine seltsame Mischung aus Furcht und verhaltenem Zorn zu spüren, ein Gefühl des Zukurzgekommenseins bei vielen Ureinwohnern. Einmal fragte ich in einem Presseladen nach der Wochenzeitung »Die Zeit«, die ich zwischen Sexheften und Automagazinen nicht entdecken konnte. »Hammerni!«, schnauzte der Verkäufer, ohne den Blick von dem Kreuzworträtsel zu heben, das er gerade ausfüllte. In seiner Stimme schwang hörbar die Befriedigung mit, einen fremdartigen Klugscheißer enttäuschen zu können.

Das Ressentiment, das in manchen Dresdnern rumort, entlud sich schon damals verbal vor allem gegen zwei Gruppen: die Westdeutschen, die nach der Wende den Osten übervorteilt und übernommen hatten, und die Ausländer, die den Einheimischen alles wegnahmen, die Arbeitsplätze, die Frauen, die Luft zum Atmen. Mit welcher Macht sich Jahre später dieser Dresdner Zorn unter dem Kampfnamen PEGIDA Bahn brach, überraschte dann aber auch mich.

Nach einigen Jahren zog ich nach Pieschen. Dieser durchaus hübsche, vom Krieg kaum versehrte Stadtteil nicht weit von der Elbe hat, anders als Gorbitz, eine lange Geschichte. Das Viertel war vor dem Krieg eine Hochburg der Arbeiter und ihrer Parteien gewesen. Der Realsozialismus der DDR aber löschte in Pieschen wie überall in Ostdeutschland die Arbeiterbewegung aus, indem er sie nominell an die Macht brachte. Nicht nur Fabrikruinen zeugen in Pieschen vom Scheitern des Realsozialismus. Auch die Vereine und Treffpunkte der Arbeiter sind fast ganz verschwunden. Die Idee der proletarischen Solidarität starb und ließ eine Enttäuschung zurück, die mancher mit nationaler Kameradschaft kompensierte. Vor dem Krieg war das Viertel als »Fickpieschen« außerdem stadtweit bekannt gewesen für Vergnügungslokale, die ein gemischtes Publikum anzogen. Der ökonomische Niedergang nach der Wende bot aber auch keine Bedingungen für eine Wiederauferstehung der Vergnügungswirtschaft. Pieschen war zu einem Wohnviertel ohne eigenen Charakter herabgesunken und ähnelte darin den meisten Dresdner Stadtteilen. Gelegentlich holte ich mir Essen im Schnellrestaurant »Hoang Do« am S-Bahnhof. In der angeschlossenen »Tagesbar« sah man die ärgsten Wendeverlierer sitzen. Sie vertrieben ihren Frust mit Bier und mit Witzen über die »Fidschis«, die ihnen dieses Bier ausschenkten. Die Vietnamesen nahmen es klaglos hin.

Diese Geschichten vom Rand der Stadt werden den echten Freunden Dresdens sicher unerheblich scheinen. Für sie macht das prachtvolle Zentrum das eigentliche Wesen der Stadt aus. Dresden ist ihnen ein »Gesamtkunstwerk«, weniger eine lebendige Stadt als eine gigantische Freilichtskulptur. Ich muss zugeben, dass ich in wenigen Vierteln seltener war als in der historischen Altstadt rund um die Frauenkirche. Für Dresdnerinnen und Dresdner, die sich an den Bombenkrieg erinnern können, hat der Wiederaufbau des alten Stadtkerns gewiss eine große Bedeutung. Aber der nostalgische Furor, der ja nicht nur Altes wiederherstellen, sondern Neues auch möglichst verhindern will, berührte mich immer seltsam.

Die Altstadt mag vorbildlich restauriert worden sein, wiederbelebt wurde sie nicht. Sie ähnelt einer fachgerecht plastinierten Leiche. Sehr gut in die Umgebung passen die Stillhaltekünstler, die sich für die Touristen tot stellen, um wie Statuen zu wirken. In den mit billigem Schick und historischem Kitsch ausstaffierten Lokalen bedienen Kellnerinnen, die ihre Abneigung gegenüber Gästen nur schlecht verbergen können. Als Einheimischer besucht man dieses Viertel allenfalls, wenn man Besuchern pflichtschuldig die einschlägigen Sehenswürdigkeiten zeigen muss. Die sind ohne Zweifel schön. Aber Schönheit allein verleiht, anders als einige Barockfetischisten glauben, noch keinen Charakter. Hübsche Kulissen eignen sich als Hintergrund für jede beliebige Inszenierung. So konnte auch PEGIDA die Postkartenpracht von Zwinger und Semperoper bei ihren Kundgebungen auf dem ehemaligen Adolf-Hitler-Platz problemlos für sich nutzen. Schädlicher noch als solcher Spuk dürfte für die Stadt aber die Besessenheit sein, mit der so viele Einwohner »das alte Dresden« zum Ideal ihrer Sehnsucht erheben. Eine Stadt, die vor allem in der Vergangenheit lebt, hat nicht ohne Grund arge Probleme mit der Gegenwart und wird nie recht wissen, was die Zukunft außer Niedergang noch bringen soll.

Wenn ich die meiste Zeit in Dresden doch glücklich war, dann verdanke ich dies der Dresdner Neustadt und den Menschen, die in diesem Viertel wohnen, arbeiten oder auch nicht arbeiten. Hier verbrachte ich auch meine letzten Dresdner Jahre in der eigenwilligen Kamenzer Straße. Als »Szeneviertel« preisen inzwischen sogar die Stadtoberen die Neustadt an, um den alternativen Charme für das Marketing der ganzen Stadt zu vereinnahmen. Doch besteht dieser Charme der Neustadt gerade darin, dass sie dem Rest von Dresden nicht gleicht. Hier zählt die Jugend mehr als die Historie, das Vergnügen mehr als die Arbeit. Hier sind Gäste aus fremden Ländern auch dann willkommen, wenn sie nicht schon nach wenigen Tagen, um einiges Geld erleichtert, wieder nach Hause reisen.

Viele Dresdner beäugen das seltsame Völkchen in der Neustadt mit Misstrauen, ja einige wagen sich nicht in das Areal nördlich des Albertplatzes. Ich saß einmal in einer S-Bahn, die in den Bahnhof Dresden-Neustadt einfuhr, als ein Vater seinem kleinen Sohn erklärte: »Das ist die Neustadt hier, wo die Oma wohnt. Sonst wohnen bloß Zecken dort, das ist ganz furchtbar. Die arme Oma!«

Ältere Neustädter erzählten einem Neuankömmling wie mir natürlich gerne von den glorreichen Zeiten der »Bunten Republik Neustadt«, als sich in der Wendezeit ein Raum unbegrenzter Möglichkeiten öffnete und Künstler und Lebenskünstler aller Art diese Nische besetzten. Natürlich waren die goldenen Zeiten der Anarchie schon vorüber, als ich durch die Neustadt schwärmte, aber viel von dem Freiheitssinn war doch noch zu spüren. Da gab es einen privaten Salon, der regelmäßig Jazzkonzerte und Lesungen veranstaltete, zu denen auch ohne Werbung stets Dutzende von Gästen kamen. In Hinterhöfen stellten junge Künstler in improvisierten Galerien Werke aus, die ihren vollen Sinn dem Betrachter erst nach dem dritten Schnaps eröffneten.

Für mich wurde das Kulturzentrum »scheune« zum Mittelpunkt der Neustadt. Mit einigen Schriftstellerfreunden, die ich in verrauchten Kulturkellern und Kneipen kennengelernt hatte, gründete ich hier 2004 die Lesebühne »Sax Royal«, die mich noch immer einmal im Monat nach Dresden zieht. Bei unseren Lesungen begrüßten wir unzählige Kollegen aus dem Rest der Republik. Sie zeigten sich von der Atmosphäre in der Neustadt stets begeistert und konnten später nicht begreifen, wie es in derselben Stadt zugleich so etwas Dumpfes wie PEGIDA geben konnte. Nach den Lesungen feierten wir in »Hebeda's Familieneinkehr«, in späteren Jahren im »Thalia«. Weltumstürzende Ideen wurden da postuliert, an die sich am nächsten Morgen bloß leider keiner mehr erinnern konnte.

So fröhlich das Leben in der Neustadt auch war, es hatte doch seine Grenzen. Bald kannte man die meisten Plätze und Bewohner dieses Dörfchens in der Stadt. Mir fiel auch auf, dass viele alternative Dresdner sich in ihrem Feuchtbiotop recht bequem eingerichtet hatten. Sie ließen jeden Ehrgeiz vermissen, die Stadt als Ganze zu verändern. Ihnen war es genug, wenn die Neustadt so blieb, wie sie immer gewesen war. Selbst im Alternativquartier zeigte sich Dresden oft recht konservativ. Anders als in Leipzig, wo ein Viertel nach dem anderen von wagemutigen Entdeckern erobert, besetzt und auch wieder verlassen wird, bleibt in Dresden stets so ziemlich alles beim Alten.

Viele Dresdner nennen ihre Stadt »klebrig« und können sich nicht vorstellen, sie je wieder zu verlassen. Wer eine erfüllende Arbeit und eine Familie hat, der kann in der Tat kaum eine Stadt finden, in der es sich entspannter und gemütlicher leben ließe. Doch gerade diese Gemütlichkeit scheint mir gefährlich für all jene, die es sich im Leben noch nicht gemütlich machen wollen. Gewiss kann man überall auf der Welt neugierig und regsam bleiben, wenn man es nur ernstlich will. Und doch gleicht Dresden einem verführerisch weichen Sessel, in dem man gerne versinkt und einschläft. Da ich ohnehin einen angeborenen Hang zur Trägheit habe, beschloss ich irgendwann, die Koffer zu packen und woanders noch einmal neu zu beginnen. Das harte Holz, auf dem man in Berlin sitzt, zwingt einen, den Hintern immer wieder hochzubekommen.

Kaum war ich aber zwei Jahre fern von Dresden, da brach in der Stadt plötzlich die Hölle los! Prompt musste ich so viele Kommentare wie nie zuvor zum rätselhaften Charakter einer Stadt abgeben, in der ich gar nicht mehr wohnte. Fast wöchentlich kehrte ich nun nach Dresden zurück, für Demonstrationen, Interviews und Diskussionen. So unangenehm der Anlass namens PEGIDA auch war, der Eindruck, den ich von der Stadt mit etwas Abstand gewonnen habe, ist nicht der schlechteste. Auf den Straßen sieht man, wie viel jünger und internationaler die Stadt geworden ist. Und der politische Streit hat immerhin zu einem Ende der trügerischen Behaglichkeit geführt. Ähnelte die Stadt früher oft einer geschlossenen Gesellschaft, lässt sich nun immerhin sagen: Was aus Dresden wird, ist offen.

# Die deutsche Zwangsehe

Freunde der traditionellen Kultur klagen seit Jahren: Der Gesang der einfachen Menschen, das Volkslied, es stirbt aus! Kein junger Müllerbursch singt mehr vorm Fenster einer holden Jungfrau, um ihr seine Liebe zu gestehen! In jüngster Zeit scheint sich aber Besserung anzubahnen. In vielen Städten, vor allem im Osten Deutschlands, versammeln sich gemischte Volkschöre auf den Straßen. Sind auch die alten Herren in der Überzahl, so finden sich doch auch Frauen und junge Männer in diesen Vereinen. Das Repertoire dieser Volkschöre ist allerdings begrenzt – meist wird nur das *Lied der Deutschen* intoniert – und die gesanglichen Leistungen erfüllen noch nicht die höchsten Ansprüche. Aber es ist ja der gute Wille, der zählt. Vielleicht ist es auch klug, dass sich die Teilnehmer hauptsächlich Sprechchören widmen. Da kommt es weniger auf die Melodie als auf die Lautstärke an. Die lässt auch Kritik schnell verstummen. Denn einem Chor von mehreren Tausend Leuten wirft so schnell keiner vor, er brülle ja ziemlich schief, zumal Musikkritiker damit rechnen müssen, ihre Rezension mit einer gebrochenen Nase belohnt zu sehen.

Vor allem einen Refrain hört man da in letzter Zeit häufig auf den Straßen: »Wer Deutschland nicht liebt, soll Deutschland verlassen!« Offenbar haben hier einige Ostdeutsche doch einmal freiwillig eine Idee aus dem verhassten Westen übernommen. Denn dort wurde vor 1989 ja jedem, der etwas an der Marktwirtschaft auszusetzen hatte, sogleich zugerufen: »Wenn es dir hier nicht

passt, dann geh doch nach drüben, in die Zone, zu deinesglei-
chen!« (Umgekehrt erlaubte es die DDR ihren unzufriedenen Bür-
gern leider nicht so ohne Weiteres, einfach rüber in den Westen
zu machen.) Und nun, in der Zeit des vereinigten Deutschlands,
sollen also alle, die nicht in die patriotischen Volkschöre einstim-
men wollen, das Land verlassen. Leider erklären die Patrioten
nicht genauer, wie sie sich das vorstellen. Wollen sie wirklich neue
Flüchtlingsströme aus Deutschland in die Welt schicken? Wollen
sie anderen Ländern eine Massenzuwanderung aufbürden, die sie
doch für ihre Heimat ablehnen? Und kann man denn Deutsche,
selbst wenn sie in patriotischen Augen nicht deutsch genug sind,
einfach so ihres eigenen Landes verweisen? Da müsste man wohl
zur Praxis der Ausbürgerung zurückkehren, mit der Deutschland
schon einige Erfahrung gemacht hat. Albert Einstein und Thomas
Mann sind wir so glücklich losgeworden, die DDR entledigte sich
auf diese Weise eines unbequemen Liedermachers.

Wer Deutschland nicht liebt, soll Deutschland verlassen? Was
ist das eigentlich für eine seltsame Liebe, die man befehlen muss?
Befehlen sogar unter Strafandrohung bei Zuwiderhandlung? Sehr
liebenswert kann dieses Deutschland dann ja wohl nicht sein. Die
reinste Zwangsehe ist das! Ist denn Germania wirklich eine so hässliche Vettel? Berichtete mir ein Mann, er werde von seiner Frau
jeden Abend zu Hause nach der Arbeit mit dem Ruf begrüßt: »Wer
Helga nicht liebt, soll Helga verlassen!«, dann riete ich ihm: Verlass
doch diese dämliche Helga! Wenn sie's schon selbst vorschlägt! Ein
großer Verlust kann es nicht sein. Doch von seinem Heimatland
kann man sich nicht so leicht trennen wie von einem Partner, selbst
wenn man es wollte. Und eine neue Heimat findet man nicht einfach bei einer Ü-30-Party.

Wie mag sie sich ausdrücken, die leidenschaftliche Liebe der
neuen Patrioten zu Deutschland? Umarmen sie deutsche Eichen?
Bohren sie sich leidenschaftlich in den germanischen Mutterboden?
Im Umgang mit ihren Mitbürgern zeigt sich diese Liebe seltsamerweise gar nicht, denn die meisten anderen Deutschen werden von
den Patrioten verachtet. Ihre Liebe sieht dem Hass immer zum

Verwechseln ähnlich. So ein echter Patriot meint eben, dass man Deutschland mit Haut und Haar lieben muss, selbst da, wo es sich dumm und hässlich zeigt. Das ist aber ein bisschen viel verlangt. Dass man an seiner Heimat das Gute loben, über das Schlechte aber auch spotten kann, übersteigt die Vorstellungskraft der Patrioten.

»Deutschland ist nichts, aber jeder einzelne Deutsche ist viel, und doch bilden sich letztere gerade das Umgekehrte ein«, meinte einmal ein gewisser Johann Wolfgang von Goethe. Und er sagte auch: »Überhaupt ist es mit dem Nationalhass ein eigenes Ding. – Auf den untersten Stufen der Kultur werden Sie ihn immer am stärksten und am heftigsten finden. Es gibt aber eine Stufe, wo er ganz verschwindet und wo man gewissermaßen über den Nationen steht, und man ein Glück oder ein Wehe seines Nachbarvolkes empfindet, als wäre es dem eigenen begegnet.« Fiele der arme Weltbürger Goethe unseren neuen Patrioten in die Hände, sie jagten ihn gewiss als Volksverräter aus dem Land.

# Überfordert uns!

Einer der Sätze, die ich von anderen Ostdeutschen in den letzten Jahren am häufigsten gehört habe, lautet: »Wir wollen bei uns keine westdeutschen Verhältnisse!« Die Menschen, die das sagen, wehren sich mit diesen Worten nicht gegen höhere Löhne oder kürzere Arbeitszeiten. Was sie meinen, ist: Wir wollen bei uns im Osten nicht so viele Ausländer wie im Westen. Mehr noch: Viele Ostdeutsche blicken mit völligem Unverständnis, ja mit Abscheu auf die Selbstverständlichkeit, mit der Westdeutsche und Mitbürger ausländischer Herkunft zusammenleben. Umgekehrt sind vielen Westdeutschen ihre italienischen oder türkischen Freunde weit weniger fremd als die seltsam übellaunigen Brüder drüben in der Zone. In kaum einer Frage gibt es so wenig deutsche Einheit wie im Verhältnis zu Einwanderern. Die Bewertung der Ausländer spaltet die Inländer. Erst, wenn man diesen Zusammenhang begreift, wird die Wut verständlich, mit der einige Sachsen auf der Straße gegen Ausländer und westdeutsche Politeliten gleichermaßen anschreien. Kaum etwas erfreute die PEGIDA-Anhänger in Dresden mehr als die Idee einer Rednerin, die innerdeutsche Mauer wieder aufzubauen, um Ausländer und Linke gleichermaßen an der Einreise in den Osten zu hindern.

Fremdenfeindlichkeit gibt es in ganz Deutschland. Aber nirgends tritt Fremdenhass so unverschämt und militant zutage wie in den östlichen Bundesländern. Dabei leben bekanntermaßen nur sehr wenige Einwanderer im Osten. Der Internationalismus der DDR war hauptsächlich Propaganda: Die wenigen Vertragsarbeiter

aus sozialistischen Bruderstaaten wurden meist in Heimen einge-
schlossen, bei Schwangerschaft mussten sich Frauen oft zwischen
Abtreibung und Abschiebung entscheiden. Und auch nach der
Wende gab es für Migranten wenig Anlass, in die neuen Bundes-
länder zu ziehen, die mit Arbeitslosigkeit und national befreiten
Zonen lockten. Spricht man die Menschen im Osten auf die geringe Zahl von Ausländern an, dann erwidern nicht wenige: »Ja,
aber das soll auch so bleiben!« Man kann in der ostdeutschen Provinz – und im Grunde ist der ganze Osten Provinz – noch heute
aufwachsen und leben, ohne je in persönlichen Kontakt zu einem
Menschen ausländischer Herkunft zu kommen. Was immer die
ostdeutsche Furcht vor Fremden verursacht, Überfremdung kann
es schwerlich sein.

Viele Ostdeutsche begegnen Fremden selten oder überhaupt
In solcher Monokultur wuchs auch ich auf. Als ich in jungen
Jahren einmal eine Cousine in Köln besuchte, betrachtete ich das
Durcheinander verschiedenster Kulturen in dieser westdeutschen
Großstadt mit einer Mischung aus Faszination und Unbehagen.
Ich erinnere mich an ein Erlebnis in der U-Bahn. Ich saß neben
einer türkischen Familie: ein Mann, seine Frau mit Kopftuch, ein
kleiner Junge und ein kleines Mädchen. Die Kinder neckten einander. Da zog das Mädchen ihrem Bruder aus Spaß die Schleife der
Schnürsenkel auf. Der Vater sah es, packte den Arm seiner Tochter
und schlug mehrmals zu. Das Mädchen weinte, die Mutter mur-
melte leise etwas Unverständliches. Ich aber war ziemlich erschrocken und fühlte mich bestätigt in allem, was ich über »die Türken«
und ihre Rückständigkeit zu wissen glaubte. Denn so reproduziert
sich das Ressentiment: Jeder Fremde, dem wir begegnen, erscheint
uns zunächst nicht als Individuum, sondern als Vertreter einer
Gruppe. Ein einziges Erlebnis kann ein Vorurteil zementieren –
wenn es nicht durch andere Erlebnisse ausgeglichen wird.

Viele Ostdeutsche begegnen Fremden selten oder überhaupt
nur in der Bild-Zeitung. Dadurch aber fehlt ihnen die Möglichkeit, Vorurteile durch regelmäßige, ganz alltägliche Begegnungen
abzubauen. »Neukölln« ist ihnen zum Symbol für die Hölle auf
Erden geworden und in jedem Muslim erscheint ihnen Neukölln

verkörpert. Ich wohne seit einigen Jahren in Berlin, wo sich alle Probleme, aber auch die Schönheiten einer multikulturellen Gesellschaft zeigen. So bin ich inzwischen einigermaßen abgehärtet. Doch beobachte ich noch immer nicht ohne Mitgefühl sächsische Landsleute, die beim Besuch in Berlin heillos überfordert sind. Jüngst saß ich in einer U-Bahn neben einem sächsischen Rentnerehepaar. Im Waggon waren auch zwei Frauen mit einigen kleinen Jungs, wahrscheinlich südosteuropäischer Herkunft. Die Jungs bettelten bei den Passagieren aufdringlich um Geld, die Berliner aber starrten routiniert ins Nichts. Als die Jungs merkten, dass niemand ihnen etwas geben wollte, lachten sie laut los. Dann holten sie aus ihren Jackentaschen einige Packungen *Capri-Sonne* und tranken. Die sächsischen Rentner waren empört. »Mit dem erbettelten Geld kaufen die sich so ein teures Zeug!«, sagte die Frau laut. »Unser Enkel ist glücklich, wenn er zu Weihnachten einmal im Jahr einen Karton *Capri-Sonne* bekommt!« Zurück in der Heimat erzählten die beiden ihr Erlebnis gewiss allen Bekannten brühwarm an der Kaffeetafel – als weiteren, unumstößlichen Beleg dafür, wie es um »die Ausländer« im Moloch Berlin bestellt sei.

Die ostdeutschen Patrioten sind davon überzeugt, sie seien deutscher als der Rest der Republik. Diese Behauptung ist wahr und falsch zugleich. Es kommt darauf an, was man unter Deutschheit versteht. Fragte man mich nach meiner Haltung, dann verwiese ich auf die Epoche, die ich am meisten liebe: die Goethezeit. Meine seltsame Leidenschaft beruht nicht zuletzt auf der Tatsache, dass es in dieser Zeit zwar Deutsche, aber kein Deutschland gab. Die deutsche Sprache und Kultur vereinigten die Menschen, wenigstens die Gebildeten, nicht aber die Religion und die Politik. Dieser Mangel an äußerlicher Einheit wurde aber nicht als Schwäche, sondern als Stärke aufgefasst: Gerade die innere Vielfalt, die Offenheit für Einflüsse aus aller Welt und die übernationale Humanität galten als Stärken der Deutschen. Es war die Zeit, in der Goethe und Schiller gemeinsam ihr Xenion »Deutscher Nationalcharakter« veröffentlichten: »Zur Nation euch zu bilden, ihr hoffet es, Deutsche, vergebens; / Bildet, ihr könnt es, dafür freier zu Men-

44

schen euch aus!« Wir hätten vielleicht besser auf die beiden gehört. In der Zeit der Befreiungskriege entstand bald ein ganz anderer Begriff von Deutschtum. Der Mangel an Identität wurde durch den »Volkshass« gegen innere und äußere Feinde kompensiert. Die Begründer dieses völkischen Nationalismus waren sämtlich verbohrte Ideologen, Franzosenfresser und Judenhasser: In den Schriften von Johann Gottlieb Fichte, Ernst Moritz Arndt und Friedrich Ludwig Jahn findet sich schon alles, was Deutschland später furchtbar machte. Sie alle beriefen sich auf das zweifelhafte Lob, das der Römer Tacitus den Germanen gespendet hatte: Diese seien »Ureinwohner und von Zuwanderung und gastlicher Aufnahme fremder Völker gänzlich unberührt«, »ein reiner, nur sich selbst gleicher Menschenschlag von eigener Art«. Der deutsche Nationalismus war so von Anfang an rassistisch verseucht, nicht nur theoretisch, sondern durch das selbst heute noch nicht völlig überwundene Blutsrecht auch in der Praxis. Die Ausbürgerung und Ermordung der Juden im Nationalsozialismus war nur die schrecklichste Konsequenz dieser Blutlehre.

»Je reiner ein Volk, je besser; je vermischter, je bandenmäßiger.« So lautet eines der in mangelhaftem Deutsch niedergeschriebenen Donnerworte des Turnvaters Jahn. Es spukt auch heute noch in den Köpfen der Deutschen, die sich vor einer »Umvolkung« durch Einwanderung fürchten. Dass zahlreiche Turnhallen gerade zur Unterbringung von Flüchtlingen zweckentfremdet werden, erfüllt mich daher auch mit Genugtuung. Ich setze in die Umvolkung gerade für Ostdeutschland große Hoffnungen. Denn die identitäre Wahnidee, eine Nation müsse aus einer möglichst homogenen Volksgemeinschaft bestehen, wird durch die Praxis besser widerlegt als durch theoretische Kritik. Erst die persönliche Begegnung mit Fremden kann es den Ostdeutschen ermöglichen, die Menschen hinter den Vorurteilen zu entdecken. Viele Politiker und Politologen meinen, man dürfe die Ostdeutschen nicht durch Zuwanderung überfordern, weil man dadurch den Fremdenhass erst schüre. Ich möchte meine gegenteilige Auffassung folgendermaßen zusammenfassen: Bitte überfordert uns!

# Wie schreibe ich einen Hassbrief?
## Eine Anleitung

Sie möchten einen Autor wissen lassen, dass Sie ihn und seine Auffassungen hassen und verachten? Sie planen, dem Autor zu diesem Zweck einen Brief zu schicken oder eine Botschaft übers Internet zu senden? Sie möchten aber keinesfalls in ein konstruktives Gespräch mit dem Feind eintreten, sondern ihm einfach nur Ihre Meinung geigen? Es ihm mal so richtig zeigen, ihm vielleicht sogar etwas Angst einjagen – natürlich ohne Konsequenzen für Sie selbst? Hier die passenden Tipps für den gekonnten Hassbrief:

1. Schreiben Sie auf jeden Fall anonym! Wer sich namentlich vorstellt, erweckt gleich zu Beginn einen falschen Anschein von Mitmenschlichkeit. Es fällt auch viel schwerer, den Feind zünftig zu beleidigen, wenn man ihm als echte Person ins Auge blicken muss. Noch dazu könnte man Sie für Beleidigungen zur Rechenschaft ziehen – das wäre unangenehm. Verzichten Sie also darauf, Ihren Brief zu unterzeichnen. Legen Sie sich im Netz gegebenenfalls eine falsche Identität zu, Pseudonyme wie »Ein normaler Bürger«, »Volkszorn 88« oder auch »Dein Albtraum« bieten sich an. Sie lehren den Gegner vielleicht sogar ein bisschen das Gruseln!

2. Verzichten Sie auf jede Form von Höflichkeit! Die üblichen Floskeln des Anstands sorgen nur für eine unerwünschte Entspannung der Atmosphäre, gaukeln dem feindlichen Autor vor, Sie würden ihm mit Respekt begegnen. Die Benimmregeln, die Ihnen von den

Eltern vielleicht beigebracht wurden, müssen Sie vergessen. Im Hassbrief wird natürlich immer geduzt, das »Sie« allenfalls ironisch verwendet, um die Verachtung noch sichtbarer zu machen. Eröffnen Sie Ihren Brief also keinesfalls mit »Sehr geehrte/r Frau/Herr XYZ«, sondern knackig mit einem: »Hallo Arschloch!« Oder gehen Sie gleich in die Vollen: »Du bist ja wohl bescheuert, oder was?« Es versteht sich von selbst, dass auch beim Abschied keine »freundlichen Grüße« gefragt sind.

3. Gestehen Sie Ihrem Gegner keine Individualität zu! Das ist zugegebenermaßen eine schwer zu befolgende Regel. Aber auch wenn Sie einen ganz bestimmten Autor aus einem ganz bestimmten Grund hassen, sollten Sie immer versuchen, ihn als möglichst bedeutungslosen Teil einer Gruppe anzusprechen. Die Formel »Leute wie Sie« tut hier Wunder. Ihr Gegner muss als kleines Rädchen im Getriebe, als beliebiger Parteigänger, als ahnungsloser Teil der großen Verschwörung erscheinen. Gehen Sie einfach davon aus, dass Ihr Gegner nicht aus eigenem Antrieb handelt, sondern als »bezahlter Schreiberling« feindlicher Mächte.

4. Vermeiden Sie sachliche Argumente! Der Einsatz von Fakten, Quellen und Schlüssen ist außerordentlich gefährlich, denn leicht könnten Sie widerlegt werden. Leicht überschätzt man hier seine eigene Stärke. Besser ist es, den Feind ausschließlich persönlich zu attackieren. Hier einige der vielfältigen Möglichkeiten: Hat er einen Prominenten kritisiert? Die Antwort ist klar: »Du bist ja bloß neidisch!« Schreibt er ein lesbares Deutsch, benutzt korrekte Zitate oder verweist auf glaubwürdige Quellen? Dann ist er reif für: »Du willst wohl was Besseres sein, du intellektueller Klugscheißer in deinem Elfenbeinturm! Geh erst mal arbeiten!« Hat der feindliche Autor vielleicht durch irgendeinen dummen Zufall viele Leser gefunden? Holen Sie ihn von der Wolke wieder herunter: »Dich liest sowieso kein Schwein! Versteht doch keiner, dein Gelaber!« Eine sehr einfache und doch effektive Form des Streitens ohne Argumente kennen wir zudem schon aus dem Kindergarten. Hat der

Feind eine Ihnen liebe Person, Partei oder Weltanschauung angegriffen? Dann plärren Sie ihm einfach ein »Sälba!!!« ins Gesicht. Hat er zum Beispiel etwas gegen Intoleranz geschrieben, dann werfen Sie ihm einfach vor, er sei ja selber intolerant – gegen die Intoleranz!

5. Machen Sie eine Antwort Ihres Gegners unmöglich! Eine kontroverse, vielleicht sogar polemische Diskussion kann Spannungen abbauen, Missverständnisse auflösen und die Einsicht auf beiden Seiten vergrößern. Dies gilt es zu verhindern! Ihr Hassbrief muss so verfasst sein, dass er keinesfalls wie eine Einladung zum Gespräch wirkt. Ihr Schreiben sollte zunächst eine bis zur Unlesbarkeit schlechte Rechtschreibung und Grammatik aufweisen und jeden Stil vermissen lassen. Auf diese Weise zeigen Sie Ihrem Gegner, dass Sie nicht die geringste Arbeit in Ihren Hassbrief investiert haben. Warum sollten Sie auch Mühe darauf verschwenden, für Ihren Gegner verständlich zu sein? Weiterhin ist es wichtig, nicht auf die Argumente Ihres Gegners einzugehen. Schütten Sie einfach aus, was Sie schon immer einmal loswerden wollten, zu allen denkbaren Themen, am besten seitenlang, Fakten, Vermutungen und Fantasien bunt durcheinander. Wenn Ihr Feind auf einen solchen Wust blickt, dann wird ihm mit Sicherheit jede Lust vergehen, etwas zu erwidern. Sollte er sich aber doch erdreisten, Ihnen zu antworten, dann lassen Sie sich auf keinen Dialog ein. Hat er eine Ihrer Behauptungen widerlegt? Gehen Sie nicht weiter darauf ein, reden Sie lieber über etwas ganz Neues. Im allergrößten Notfall gibt es noch eine Geheimwaffe: Werfen Sie dem Feind vor, dass er ja sowieso immer lüge. Mit einem, der im Irrtum ist, kann man sich noch streiten. Mit einem Lügner ist aber jedes Gespräch sinnlos.

6. Die Krönung eines Hassbriefes ist selbstverständlich der Schluss. Hier sollten alle zuvor schon genannten Maßregeln noch einmal zusammen angewandt werden. Das Ende des Hassbriefes muss unpersönlich, unhöflich und unsachlich sein, dazu auch noch von einer Antwort abschrecken. Nichts passt hier besser als eine saf-

tige Drohung. Nicht zu konkret natürlich, sonst gibt es am Ende noch Ärger mit der Polizei! Bewährt haben sich Formeln wie »Eines Tages werden wir Leute wie dich zur Verantwortung ziehen!« Das lässt noch Spielraum für die Fantasie und ist doch deutlich genug.

7. Ein Brief ist kein Brief! Auch der beste Hassbrief gerät schnell in Vergessenheit. Soll aber der Feind zur Ruhe kommen, um sein schändliches Treiben ungehemmt fortzusetzen? Gewiss nicht. Darum bleiben Sie am Ball, auch und gerade, wenn Sie – wie erhofft – keine Antwort erhalten haben! Sie können gewiss sein: Jeder Autor ist eitel und liest alle Briefe, die ihn erreichen, auch wenn er vielleicht das Gegenteil behauptet. Sorgen Sic also mindestens wöchentlich für Nachschub! Der Feind muss Angst davor bekommen, sein Postfach zu öffnen! Wenn Sie die Zeit finden, macht es sich besonders gut, einmal ein Dutzend Mails im Laufe einer einzigen Nacht zu schicken, jede Nachricht wütender als die vorherige. Und zum Schluss vielleicht dann nur noch ein Satz: »Ich bin auf dem Weg!«

# Durchs ekelhafte Neukölln

In einem Buch mit dem Titel *Spazieren in Berlin* las ich jüngst: »Um seiner selbst willen Neukölln aufzusuchen, dazu kann man eigentlich niemandem raten.« Eine »traurige Gegend« sei dieses Viertel, man sehe nur »arbeitsmüdes Volk« und »kümmerliche Kinder«. Der gutbürgerliche Autor räumt allerdings auch ein, er habe »nur geringe Kenntnisse von dieser Vorstadt«, denn: »Ich bin immer nur rasch mit der Tram durch Neukölln gefahren, um wo anders hinzukommen.« Die Mischung aus Ignoranz und Verachtung, die aus diesem Text über Neukölln spricht, überrascht nicht, eher vielleicht schon die Tatsache, dass er aus dem Jahr 1929 stammt. Damals lebte vermutlich noch kein einziger Mensch türkischer oder arabischer Herkunft in Neukölln, sehr wohl aber viele arbeitende und arme Leute – der bürgerliche Ekel war schon der gleiche.

Vieles, was wir heute für Fremdenhass halten, ist nichts anderes als der uralte Hass der Besitzenden auf die Armen, der sich bloß ein neues Kostüm zugelegt hat. Denn Proletariat und Prekariat der Bundesrepublik bestehen inzwischen, im Westen noch stärker als im Osten, zum großen Teil aus Zuwanderern. Auf unseren Baustellen wird Rumänisch und Portugiesisch gesprochen. Viele Imbissverkäufer stammen aus der Türkei, viele Gemüsehändler aus Vietnam. Polen ernten unseren Spargel, Ukrainerinnen pflegen unsere siechen Großeltern. In unseren Bordellen wälzen sich deutsche Familienvatis über mittellose Bulgarinnen. Und weil sich aus der

Unterschicht seit jeher auch die Kleinkriminellen rekrutieren, finden sich auch unter diesen viele Migranten.

*Ein schwerer Exzess wurde in der Nacht auf Sonntag in der Hermannstraße von einer Horde von 10 jungen Burschen verübt. Wir erfahren darüber folgendes: Kurz nach 1 Uhr kamen in der Hermannstraße etwa 10 mindestens im Alter von 18 bis 20 Jahren stehende Burschen aus einem Lokal, die auf der Straße sofort einen Heidenlärm zu vollführen begannen, indem sie johlten, schrien und mit Stöcken gegen Zäune und Hauswände schlugen. Der dort patrouillierende Schutzmann Matthe vom 10. Polizeirevier, ein äußerst ruhiger und besonnen auftretender Beamter, forderte die Lärmenden in angemessener Weise auf, sich ruhig zu verhalten, was die Rowdies damit beantworteten, daß sie ohne weiteres über den Schutzmann herfielen, ihn rücklings zu Boden rissen und ihn in der rohesten Weise mißhandelten. Der Säbel, dessen der Angegriffene sich zu seiner Verteidigung zu bedienen versuchte, wurde ihm sofort aus der Hand gerissen. Dem wehrlos am Boden liegenden Beamten wurde neben anderen Verletzungen ein schwerer Messerstich oberhalb des rechten Auges zugefügt. Es wäre ihm wohl noch übler ergangen, wenn nicht jetzt ein zweiter Schutzmann zur Hilfe herbeigeeilt wäre, bei dessen Erscheinen die Bande auseinanderstob, worauf die Burschen im Dunkel der Nacht verschwanden. Doch gelang es dem herbeieilenden Schutzmann, den Rädelsführer zu verhaften. Die sogleich von dem Überfall in Kenntnis gesetzte Kriminalpolizei ermittelte dann noch im Laufe der Nacht die übrigen an dem Exzeß Beteiligten und brachte sie nach dem hiesigen Polizeipräsidium, wo gestern Vormittag ihre Vernehmung stattfand.*

Der Messerstecher hieß, wie uns das *Neuköllner Tageblatt* vom 7. Dezember 1915 glaubhaft versichert, nicht Ali oder Mohammed. Es handelte sich vielmehr um »den taubstummen 33jährigen Lederarbeiter Karl Schubert aus der Jägerstr. 67«. Heute werden solche Straftaten in Neukölln und anderswo allerdings auch von jungen Männern begangen, die das Pech haben, nicht viel mehr zu besitzen als einen Migrationshintergrund. Die großen Verbrechen, also jene, die gewöhnlich nicht bestraft werden, behalten sich die Deutschen allerdings noch immer selbst vor.

Schon vor Jahrhunderten galt die dunkle Haut als Erkennungszeichen der Armen, denn nur die Bauern wurden bei der Arbeit auf dem Feld von der Sonne verbrannt. Wer es sich leisten konnte, zeigte seinen Reichtum durch makellos bleiche Haut. Die Reichen ekeln sich, wenn sie Arme erblicken, denn arme Menschen sind schlecht angezogen, verstaubt und verschwitzt, sie haben raue Umgangsformen, sie riechen nach Zwiebeln, sie können sich nicht über Goethe unterhalten oder die Sonatenhauptsatzform erklären. Sie haben eine eigene Kultur, die den Reichen fremd und unheimlich ist. Die Sprache der Armen verstanden die Reichen auch nicht besser, als sie noch nicht Türkisch war.

Die neuen Rechten unserer Tage werfen Linken gerne Heuchelei vor, weil diese Multikulti zwar gutmenschelnd predigen, ihre eigenen Kinder aber auch nicht auf die Rütli-Schule im Ausländerviertel schicken. Diese Kritik ist gewiss berechtigt, doch könnte man die Rechten zurückfragen: Warum schickt ihr denn eure noblen Sprösslinge nicht auf Schulen in Berlin-Hohenschönhausen, Rostock-Lichtenhagen oder Halle-Neustadt, wo die Schülerschaft doch weithin tadellos germanisch ist? Schreckt euch vielleicht die Aussicht, eure Kinder könnten mit bildungsfernen Bälgern von deutschen Arbeitern und Arbeitslosen in Kontakt kommen? Ist euch der Prolet vielleicht ebenso fremd wie der Kanake?

Rassisten hielten seit jeher nicht nur fremde Völker, sondern auch die Armen ihres eigenen Volkes für biologisch minderwertig, für Abkömmlinge einstmals unterjochter Rassen. Auch der Führer Adolf Hitler hielt die »breite Masse« für dumm, feig und träge. Wer im Kampf ums Dasein unterliege, der habe sein Schicksal eben verdient. Aber die Arbeiter waren doch nicht so dumm, mehrheitlich Hitler zu wählen, das übernahmen jene braven Bürger des Mittelstandes, die Angst davor hatten, die rachsüchtigen Armen könnten ihnen eines Tages die Sparbücher wegnehmen. Wer eine solche Mentalität heute besichtigen möchte, der sollte Thilo Sarrazin ins Antlitz schauen – so schwer das auch fällt. Dieser Mann verachtet

Deutsche aus dem Prekariat ja nicht weniger als ungebildete Zuwanderer. Als Senator in Berlin sparte er konsequent bei denen, die schon am wenigsten hatten. Das Leben dieses Seelenkrüppels ist ein einziger Krieg gegen die Armen.

Und doch geben in fast allen westlichen Ländern immer mehr Arbeiter und Arbeitslose jenen neuen Rechten ihre Stimme, denen es gelungen ist, soziale und ökonomische Probleme in ethnische und religiöse Konflikte umzudeuten. Den Klassenkampf gibt es angeblich nicht mehr, dafür aber den Krieg der Kulturen. Und so glaubt sich mancher weiße Arbeiter mit seinem kommandierenden Ausbeuter verbunden im Kampf gegen den fremden und farbigen Feind. Geheilt werden solche Arbeiter von ihrem Irrtum wohl erst, wenn sie von den neuen Faschisten so bitter enttäuscht werden, wie frühere Arbeiter von den alten Faschisten enttäuscht worden sind.

# Unser täglicher Terror

Erinnert sich jemand an Nils H.? Der Krankenpfleger tötete jahrelang unbemerkt Patienten in mehreren Kliniken, vielleicht an die hundert Menschen. Wahrscheinlich ist er der schlimmste Massenmörder in der deutschen Nachkriegsgeschichte. Und doch verschwand er nach wenigen Berichten schnell wieder aus den Medien, anders als ähnlich mörderische Terroristen und Amokläufer. Was hat Nils H. falsch gemacht? Seine Morde waren nicht unterhaltsam genug. Giftspritzen sind nicht so spektakulär wie Bomben und Hackebeile. Bettlägerige Kranke sind nicht so attraktiv wie feiernde junge Leute. Eine Provinzklinik ist kein so malerischer Tatort wie eine Strandpromenade oder ein Vergnügungsviertel. Terroristen und Amokläufer vermarkten sich professioneller, sie produzieren eine explosive Mischung aus Grusel und Spektakel, ganz wie es eine Gesellschaft sich wünscht, die süchtig nach dem Kitzel der Angstlust geworden ist.

Nach jedem Anschlag hocken wir stundenlang vor den Bildschirmen, schauen uns dieselben verwackelten Videos immer wieder an, hören Experten zu, die unablässig wiederholen, sie seien auch völlig ratlos. »Wer unterstützt die Terroristen?«, fragt man. »Was treibt sie an?« Eine Antwort auf diese Fragen lautet leider: Wir selbst sind es. Die Amokläufer gieren nach unserer Aufmerksamkeit – und wir spendieren sie ihnen bereitwillig. Wird uns Terror geboten, dann schalten wir ein. Und weil die Medien mit unserem Interesse Geld verdienen, zeigen sie uns noch mehr Terror. So funktionieren eben Angebot und Nachfrage. Inzwischen filmen Opfer und Täter das Gemetzel sogar selbst mit, arbeiten also zusammen, um uns den Horror in Echtzeit ins Wohnzimmer zu übertragen, wo wir ihn dann noch übers Netz mit unseren Freunden in aller Welt teilen.

Jedes Mal fragen wir nach der Identität der Attentäter, dabei sind die Attentäter immer identisch: Es handelt sich um männliche Versager, die ein nichtiges Leben ohne Liebe und Sinn führen. Sie wollen sterben, dabei aber auch unsterblich werden, indem sie andere Menschen mit in den Tod reißen. Die einen halten die Stimme in ihrem Kopf für das Wort Gottes, andere für den Befehl des Führers. Einige von ihnen wollen im Paradies weiterleben, andere im Jahresrückblick von Günther Jauch. Jeder Schwächling weiß inzwischen, wie er mit Hilfe einer Waffe zum Weltstar werden kann. Wir sind es, die solchen Nullen Unsterblichkeit verschaffen. Denn auch Dämonisierung ist eine Art der Vergötterung.

Ein Attentäter erschießt auf einer norwegischen Insel Dutzende wehrlose Menschen, größtenteils junge Linke, die nur feiern und Spaß haben wollten. War es ein Dschihadist? Attentäter erschießen in einem Pariser Musikklub Dutzende wehrlose Menschen, größtenteils junge Linke, die nur feiern und Spaß haben wollten. Waren es Rechtsterroristen? Während in Jerusalem militante Islamisten mit Messern auf Juden losgehen, geht in Köln ein militanter Nazi auf eine deutsche Politikerin mit einem Messer los. In Frankreich ermorden IS-Terroristen einen Priester in dessen katholischer Kirche, in den USA ermordet ein Ku-Klux-Klan-Terrorist einen schwarzen Pastor und acht Gläubige in dessen Kirche. Ein amerikanischer Nazi rast mit einem Auto in eine Menschenmenge, nachdem Dschihadisten zuvor mehrfach mit Autos in Menschenmengen gerast sind. Wie kommt's, dass die Taten dieser Mörder sich zum Verwechseln ähnlich sehen?

Faschisten und Islamisten sind Brüder im Geiste, wenn auch feindliche Brüder. Jede ihrer Taten stärkt den Gegner, gemeinsam arbeiten sie gegeneinander daran, dass die Prophezeiung vom Krieg der Kulturen sich erfüllen möge. Es sind so ziemlich dieselben

Dinge, die Faschisten und Islamisten verhasst sind: die Demokratie und die freie Presse, die Vermischung der Kulturen, die selbstbewussten Frauen und die Juden. Würden die Islamisten und die Faschisten sich nicht zufällig auch gegenseitig hassen, sie könnten einander liebend in die Arme fallen. Es ist, als hätte eine teuflische Vorsehung beide beauftragt, im Kampf gegeneinander die Zivilisation zugrunde zu richten. Wer die Zivilisation verteidigen will, dem bleibt nichts übrig, als sich beiden Ausgeburten der Dummheit und der Bosheit entgegenzustellen. Wer hingegen meint, sich auf eine Seite schlagen zu müssen, um die andere zu besiegen, der befördert nur den gemeinschaftlichen Triumph beider.

# Sizilianischer
# Frühling

Es ist eine sehr gute Idee, aus dem deutschen Winter nach Sizilien zu fliehen. Auf dieser göttlichen Insel erinnern im Februar an den Winter nur die Bommelmützen, die einige Sizilianer tragen, weil es bloß zwanzig Grad warm ist. Als deutscher Gast möchte man sich bei strahlendem Sonnenschein hingegen die Kleider vom Leibe reißen. Die Einheimischen beugen solcher Entblößung aber vor. Sie haben in ihren Städten Schilder aufgestellt, auf denen auch in deutscher Sprache das Verbot bekannt gemacht wird, in der Öffentlichkeit mit nacktem Oberkörper herumzulaufen. Man liest es und hat sogleich die glänzenden Bierbäuche seiner Landsleute vor Augen, die Generationen von Sizilianern erschreckt haben müssen. Doch dann blickt man hinauf zum beinahe unwirklich blauen Himmel und vergisst immerhin für einen Augenblick, was das eigentlich ist, dieses Deutschland.

Natürlich kommt man nach Sizilien nicht nur mit Socken im Gepäck, sondern auch mit Vorurteilen und Ängsten. Wie gut ist es, wenn man da schon im Bus auf dem Weg vom Flughafen ins Zentrum von Catania vertraute Worte hört. »Sind Sie deutsch?«, fragt eine alte Dame und erzählt, sie habe 47 Jahre in Hannover gelebt. Ihre Söhne seien nun über ganz Deutschland verstreut, sie selbst wieder in die Heimat zurückgekehrt. Freundlicherweise erklärt sie dem Busfahrer noch, wo wir aussteigen wollen. Als wir uns verabschieden, gibt sie uns einen Rat mit auf den Weg: »Passen

Sie auf Ihre Sachen auf – alles Mafia hier!« Mit Misstrauen im Kopf sieht nun die Stadt plötzlich aus wie eine Räuberhöhle: Der junge Mann, der von einer Leiter aus einen Stromzähler an einer Hauswand abzulesen vorgibt, bereitet er nicht in Wahrheit seinen nächsten Einbruch vor? Ist der Mann, der regungslos am Steuer seines Wagens am Straßenrand sitzt, vielleicht der Auftraggeber des Verbrechens? Der Alte, der vor dem Geschäft, das lebende Hühner verkauft, seelenruhig das Treiben auf der Straße beobachtet – ist er vielleicht der Pate dieses Viertels? Nur mühsam wird man solche bösen Ahnungen wieder los. Es ist aber auch verteufelt, dass diese Italiener alle haargenau so aussehen wie die Kerle in den Mafia-Filmen! Wie soll man da nicht Verdacht schöpfen?

Für einen Deutschen, der es gewohnt ist, vom Gesang der Lerchen und dem Klang von Waldhörnern geweckt zu werden, ist das Erwachen in Sizilien merkwürdig. Geweckt wird man hier nämlich von den Geräuschen der Straße. Es ist eine urbanere Form der Romantik. Sizilianische Straßen klingen anders als deutsche Straßen. Die Autos fahren hier nicht einfach, sie rasen entweder laut los oder bremsen kreischend ab. Die Passanten lachen und brüllen und fluchen, die Hunde bellen. Auch die Autofahrer unterhalten sich miteinander. Die Hupe dient ihnen als Mittel der Verständigung. Durch Variation von Lautstärke und Takt sind höchst vielfältige Äußerungen möglich. Ein einfaches, kurzes Hupen bedeutet nicht mehr als »Hoppla, hier komm ich!«, »Vorsicht!« oder auch nur »Guten Morgen!« Langes, ausdauerndes Hupen signalisiert Ungeduld. Mehrfaches kurzes Hupen ist dagegen Ausdruck von Ärger über das Verhalten anderer Verkehrsteilnehmer, es kann sich bis zum Wutausbruch eines rhythmischen Dauerhupens steigern. Einige Virtuosen ihrer Kunst bringen es fertig, Erkennungsmelodien aus italienischen Opern zu hupen. Der Deutsche, der zu solcher Sinfonie der Großstadt morgens um sechs erwacht, freut sich darüber am ersten Tag noch sehr, am zweiten aber schon weniger. So günstig sonst auch Sizilien ist, Stille ist teuer. Ein Schächtelchen mit Ohrstöpseln kostet beim Apotheker fünf Euro und zwanzig Cent.

Der Fischmarkt von Catania ist ein Ort, der gewöhnliche Mitteleuropäer überwältigen muss. Auf einem kleinen, niedrig gelegenen Platz und in den angrenzenden Gassen ist Bude neben Bude aufgebaut. In den Auslagen sieht man violetten Blumenkohl, merkwürdig geformte Tomaten, Zitronen, Orangen und Fenchel. Der Metzger hat auch Lämmerhälften und Schweinefüße im Angebot. Was aber präsentieren erst die Fischverkäufer! Auf Eis gebettet liegen da Dutzende von unterschiedlichsten Arten nebeneinander, manch ein Tierchen rührt sich noch. Der prachtvolle Schwertfisch reckt den Kopf mit seinem Schwert gen Himmel in einer letzten Geste des Stolzes, während die Hälfte seines Leibes schon in Scheiben zerlegt danebenliegt.

Nach Fischweibern sucht man auf dem Markt vergebens, denn Verkaufen ist hier Männersache. Wie überhaupt in Sizilien, wo es ohnehin wenig Arbeit gibt, die Männer auch jene Berufe ausüben, die in Mitteleuropa in der Hand der Frauen sind. Die Verkäufer sind nicht nur Männer, sie sind auch richtige Männer. Während man so einem Prachtkerl noch das Geld für einen Tintenfisch in die Hand drückt, versucht dieser schon, eine vorüberlaufende Schönheit anzulocken. »Junge Frau, ich hätte hier noch einen wunderschönen Aal für Sie!«, ruft der Verkäufer, soweit ich das ohne Kenntnisse der italienischen Sprache beurteilen kann. Das Herz der einen, die vorüberging, wird nicht erweicht, dafür taut laufend das Eis der Fischstände, tropft auf das Pflaster als Wasser, das sich in kleinen Bächen seinen Weg in die Kanalisation sucht. Es ist, als ob die Fische das Meer mitgebracht hätten, das sich nur widerwillig von ihnen trennen mag. Mittags wird jeden Tag der ganze Markt wieder abgebaut. Die Stadtreinigung spült mit Lauge aus einem Schlauch den Platz sauber, bis zum Abend riecht es hier nach Fisch und Chlor.

Das Klima im Süden, an den Ufern des Mittelmeeres, das eher die Muße als die Arbeit begünstigt, bietet einer Spezies ideale Lebensbedingungen, die in Mitteleuropa ausgestorben ist, ja ausgerottet wurde, nämlich dem Eckensteher. Der oberflächliche Betrachter hält den Eckensteher meist für einen Drogenhändler oder einen Taschendieb. Es mag auch sein, dass manche Verbrecher sich wirklich als Eckensteher tarnen. Der echte Eckensteher hat mit ihnen aber nichts zu tun. Ihm bleibt gar keine Zeit für Übeltaten, genauso wenig wie für irgendeine andere Beschäftigung. Er hat nämlich schon mehr als genug mit seiner eigentlichen Aufgabe zu tun: an der Ecke zu stehen. Die Ecke, seine Ecke, ist ihm Arbeitsplatz. Die Eckenstehrei ist ein ehrlicher, dabei rein männlicher Beruf, der über Generationen hinweg von den Vätern auf die Söhne vererbt wird. Das aufregendste Ereignis im Leben eines Jungen aus solcher Familie ist der Augenblick, da er von den Eltern zum ersten Mal an einer fremden Ecke allein stehen gelassen wird.

Der Eckensteher weiß, dass ihm seine Ecke nicht vom Zufall, sondern von Gott zugewiesen wurde. Er betreut seine Ecke gewissenhaft, kontrolliert mit aufmerksamem Blick alle Passanten und regelt außerdem ehrenamtlich den Verkehr. Er erteilt durch energische Gesten Vorfahrt, weist Automobilen Parkplätze zu und übernimmt in Streitfällen das Amt des Friedensrichters. Mit den Geschäftsleuten, die an der Ecke ihre Waren feilbieten, unterhält er sich ebenso wie mit den Menschen, die in den Häusern an der Ecke wohnen. Er spendet, wenn nötig, Trost und vermittelt ein Gefühl von Heimat. Fremde, verdächtige Personen werden vom Eckensteher misstrauisch beäugt, bei Fehlverhalten auch lautstark zur Ordnung gerufen. An seiner Ecke ist der Eckensteher absoluter Souverän und sorgt für Sicherheit. Als Lohn reicht ihm ein wenig freundliche Aufmerksamkeit, aber auch Kleingeld verschmäht er gegebenenfalls nicht. Da der Eckensteher alle Nachbarn mindestens zwei Mal am Tag sieht, nämlich auf dem Weg zur Arbeit und auf dem Heimweg, kann er ständig Wiedersehensfeste feiern. Gelegentlich wird so ein freudiges Ereignis auch in der Bar an der Ecke begossen. Besonders den weiblichen Fußgängerinnen schenkt der Eckensteher größte Aufmerksamkeit, selbst wenn diese von den Frauen nicht mit ebenso großer Begeisterung erwidert wird.

Der Eckensteher ist genügsam und glücklich auf seinem Posten in der Welt. Die Ecke ist nicht nur sein Arbeitsplatz, sie ist auch sein eigentliches Zuhause, selbst wenn er noch irgendwo eine Wohnung besitzt. Wer will es dem Eckensteher verdenken, dass er sich in seinem zweiten Wohnzimmer eher häuslich und leger kleidet? Vielleicht generell nicht übermäßig viel Mühe auf seine äußere Erscheinung verschwendet? Um die Ecke denken kann der Eckensteher nicht, noch viel weniger aber laufen. Um den Eckensteher von seinem angestammten Platz zu vertreiben, müsste man ihn schon um die Ecke bringen. Der Eckensteher selbst ist außerordentlich friedliebend. In manchen kleinen Städten des Südens gibt es nicht genug Ecken für die Vielzahl von Eckenstehern, dann teilen sich mehrere von ihnen gütlich eine. Eine starke Abneigung empfinden Eckensteher nur gegen Kreisverkehre, wo man sie deshalb auch nie sieht, stattdessen aber ihre ärgsten Konkurrenten, die Zirkelhocker.

In Deutschland gibt es keine Eckensteher mehr, sie wurden vor Jahren alle zu nützlichen Mitgliedern der Gesellschaft umgeschult. Besteht nun in Zeiten der Völkerwanderung vielleicht Hoffnung, dass einige Eckensteher aus den Ländern des Südens zu uns kommen, um ihr traditionsreiches Handwerk im Norden wieder heimisch zu machen? Wir schön wäre das! Vorläufig aber sind unsere Ecken noch verwaist, unsere Kreuzungen öde, menschenfeindliche Brachen. Deshalb begegnen sich bei uns die Straßen nicht mehr, sie schneiden einander nur noch. Armes Deutschland!

Auch im Paradies ist Krise. Ich sehe es nicht nur an den geschlossenen Geschäften, die mit dem Schild »Affittasi« offensichtlich schon lange vergeblich nach neuen Mietern suchen. Auch die Besitzerin einer Osteria erzählt, sie merke, wie die Leute immer weniger Geld ausgäben. Am deutlichsten sieht man es aber an den sizilianischen Katzen. Diese Katzen sind klein und mager und überhaupt nicht zutraulich. Nähert man sich ihnen, laufen sie ängstlich davon. Offenbar müssen sie sich auf den Straßen durch Jagd selbst ernähren, werden von den Leuten nicht gefüttert, sondern davongejagt. In einem Amphitheater, in dem einst die Römer sich an blutigen Gladiatorenkämpfen ergötzten, schaue ich eine Viertelstunde lang dem Kampf zwischen einer Katze und einigen Tauben zu. Die Katze schleicht sich immer wieder an den Schwarm heran, doch die Tauben sind aufmerksam und flattern ein paar Meter weiter, bevor ihr Feind zum Sprung ansetzen kann. Hartnäckig verfolgt die Katze den Schwarm durch das ganze Theater, bis die Vögel schließlich ganz davonfliegen. Der Beobachter zieht aus diesem Schauspiel die Lehre: Wo gehungert wird, da ist es mit dem Frieden vorbei.

Auf Sizilien scheint aber – wenigstens dem fremden Betrachter – der Frieden noch intakt. Obwohl auf der Insel wenig mehr als Obst und Gemüse produziert wird, kommen doch die Einwohner irgendwie zurecht. Fast alle Sizilianer, so lese ich, arbeiten im Dienstleistungssektor. Und wirklich hat man das Gefühl, dass hier jeder jedem etwas verkauft. Einheimische Bauern bieten geröstete Artischocken und Ziegenkäse an, Afrikaner Feuerzeuge und Plastikspielzeug. Aber in deutschen Zeitungen liest man: »Der Süden Italiens stirbt!« Wenn das wahr sein sollte, dann handelt es sich wenigstens um einen sehr sanften und schönen Tod. Falls das Abendland demnächst untergeht, möge es sich an Sizilien ein Beispiel nehmen. Vielleicht haben die Sizilianer es sich über Jahrhunderte der Entbehrung aber auch einfach angewöhnt, trotz widrigster Umstände zu überleben und dabei nicht die Freude am Dasein zu verlieren. Auch in diesem Fall könnte Europa von Sizilien einiges lernen.

Im *Museo dello Sbarco* in Catania wird die Geschichte der Landung der alliierten Truppen auf Sizilien im Jahr 1943 erzählt. An der Südküste Siziliens begann die Invasion, die rasch zur Eroberung der Insel führte. Auf die Niederlage, welche die italienischen Truppen trotz der Unterstützung durch deutsche Soldaten erlitten, folgten bald die Absetzung Mussolinis und die Kapitulation Italiens. Die Sizilianer begrüßten die Engländer und Amerikaner 1943 mehrheitlich begeistert als Befreier. Im Süden Italiens hatte der italienische Faschismus von Anfang an weniger Anhänger als im Norden, wo sein eigentliches Zentrum lag. Die norditalienischen Faschisten sind den Sizilianern noch heute böse, am liebsten würden sie sich vom Süden Italiens ganz trennen. Die Süditaliener sind ihrer Ansicht nach ohnehin schon halbe Afrikaner. Die Einwohner des Südens erwidern solche Vorwürfe gelassen. Ein Pizzabäcker aus Bari versicherte mir einmal, das wirkliche Italien fange südlich von Neapel erst an.

Die Italiener haben den Faschismus erfunden, aber sie haben ihn nie mit dem ernsthaften Irrsinn der Deutschen praktiziert. Die Deutschen starben und töteten für ihren Adolf bis zum bitteren Ende, die Italiener haben stattdessen ihren Benito vorher entlassen und erschossen. Sie vergaßen nie ganz, dass ihr Duce auch ein Schauspieler war, ein Großsprecher und Scharlatan. Sieht man Aufnahmen von Mussolinis Reden, erblickt man einen Clown, lächerlicher noch als Adolf Hitler. Doch über einen Clown, der über die Gewalt des Staates verfügt, wagt keiner mehr zu lachen. Faschismus ist lächerlich und braucht die Macht, um überhaupt ernst genommen zu werden. Das heißt aber auch: Menschen sind keineswegs bloß deswegen schon harmlos, weil sie lächerlich wirken. Nur die Gewalt fehlt ihnen noch. Als Mussolini mit der Niederlage von Sizilien seine Rolle ausgespielt hatte, pfiffen die Italiener ihn von der Bühne. Nur ein Weilchen noch deklamierte er im Norden vor seinen treuesten Bewunderern weiter. Die Deutschen hingegen spielten in Hitlers blutiger Wagneroper trotz aller Katastrophen die Nibelungentreue brav bis zum totalen Untergang. Es gilt wohl doch Adornos Wort: »Ein Deutscher ist ein Mensch, der keine Lüge aussprechen kann, ohne sie selbst zu glauben.«

Lange Zeit war Sizilien für Europa, was Europa für die Welt ist. In der Antike lag Sizilien genau im Zentrum, mitten im Mittelmeer, dem einzigen Ozean dieser Zeit. Die fruchtbare und reiche Insel war umkämpft zwischen allen Völkern, immer wieder eroberten neue Invasoren Sizilien. Doch die Eroberer wurden jedes Mal rasch heimisch und vermischten sich mit den Einwohnern, die schon da waren. Auf die Phönizier folgten die Griechen, auf die Griechen die Römer. Auf die Römer folgten die Germanen, die Araber, die Normannen, die Franzosen, die Spanier. Und selbst das Königreich

Italien wurde von vielen Sizilianern nach der Vereinigung mit dem Norden noch als Besatzungsmacht empfunden. Zu blutigen Konflikten kam es immer dann, wenn eine neue herrschende Clique die anderen Einwohner völlig zu entrechten versuchte.

All die verschiedenen Völker malten mit am Bild Siziliens, fügten auf der Leinwand neue Figuren und Gebäude hinzu, übermalten Bestehendes, das doch immer weiter durchschimmerte. Die Kathedralen der Insel – fast jedes Städtchen besitzt eine – sind Zeugnisse dieser Geschichte der Verschmelzung. Aus den Wänden der Kathedrale von Syrakus ragen noch heute die Pfeiler eines alten griechischen Tempels hervor. Sie wurden eingemauert, wie auch die alten Götter dem neuen Gott nicht einfach geopfert, sondern einverleibt wurden. Es gibt auch Kirchen, die zur Hälfte aus arabischen, zur anderen Hälfte aus normannischen Bauten gefügt sind. Auf den Feldern wachsen Zitronen und Orangen, die Araber auf die Insel brachten, neben Kartoffeln und Tomaten, die von den Spaniern aus Amerika entwendet wurden. Aber auch die vielgestaltigen Gesichter der Sizilianer tragen Spuren der jahrhundertelangen Vermischung. Der rothaarige Italiener, der in einem Park in Catania mit seiner Freundin streitet, bezeugt vielleicht noch heute die Manneskraft der Normannen. So zeigt Sizilien im Kleinen ein Bild der europäischen Kultur, die ihre Größe gerade der Tatsache verdankt, dass hier, in der Mitte der Welt, mehr als irgendwo sonst, die verschiedensten Völker und Religionen einander über Tausende von Jahren befruchtet haben.

Ich lese in einem mitgebrachten Buch die Worte von Joseph Roth:

*Welch eine lächerliche Furcht der Nationen, und sogar der europäisch gesinnten unter den Nationen, diese und jene »Eigenart« könnte verloren gehn und aus der farbigen Menschheit ein grauer Brei werden! Aber Menschen sind keine Farben und die Welt ist keine Palette! Je mehr Mischung, desto mehr Eigenart! ... Das ist die höchste Stufe der »Humanität«.*

# Über
# Nazivergleiche

Harald Martenstein ist gewiss der führende Kolumnist Deutschlands. Wie keinem anderen gelingt es ihm, die Deutschen zum Schmunzeln, aber auch zum Nachdenken zu bringen. Sein Stil ist auf so kunstvolle Weise schlicht, seine Ironie nie zweideutig – man kann nur den Hut ziehen. Doch kommt es in sehr seltenen Fällen auch einmal vor, dass Harald Martenstein sich irrt. Dann ist konstruktive kollegiale Kritik gerechtfertigt. Vor einer Weile veröffentlichte er eine Kolumne »Über Nazivergleiche«. Er kritisierte in seinen Ausführungen, in der deutschen Öffentlichkeit gebe es eine Inflation von Nazivergleichen. Und er schrieb: »Immer wenn ich Nazivergleiche lese, denke ich: Da sind jemandem die Argumente ausgegangen. Da war jemand intellektuell ein bisschen überfordert, deshalb musste er Adolf Hitler zu Hilfe rufen.« Schließlich erwog Martenstein, ob nicht ein gesetzliches Verbot von Nazivergleichen angebracht sein könnte.

Hier aber ist Martenstein eindeutig über das Ziel hinausgeschossen. Wenn unser Land eines nicht gebrauchen kann, dann doch wohl neue Denk- und Sprechverbote! Leben wir nicht ohnehin schon in einer Gesellschaft, die von der politischen Korrektheit geknebelt wird? Harald Martenstein scheint nicht zu bemerken, in welch finsterer Tradition er mit seiner leichtfertigen Forderung steht. Wer war denn der erste, der sich Hitlervergleiche verbat, weil er sich für unvergleichlich hielt? Natürlich: Hitler! Er allein war der von Gott gesandte Erlöser der Deutschen und damit einzig berechtigt, als Führer zu fungieren. Selbst auf seinen Kumpel Mussolini, der doch auch ein Duce sein wollte, war er am Ende des Krieges nicht mehr allzu gut zu sprechen, nachdem dieser allein nicht einmal mit Albanien und Griechenland fertig geworden war.

Hitler war aber durchaus kein genereller Gegner von Hitlervergleichen. Er hielt nur sich selbst für den Einzigen, der dazu berechtigt sei, solche Vergleiche anzustellen. So verglich er sich selbst gerne mal, zum Beispiel mit Friedrich dem Großen. Es schmerzt, aber in dieser Hinsicht muss man leider Harald Martenstein mit Adolf Hitler vergleichen. Denn auch Martenstein hält offenbar nur sich selbst für berechtigt, sich über das von Harald Martenstein verfügte Verbot von Nazivergleichen hinwegzusetzen. Schrieb er doch auch Folgendes: »Übrigens: Hitler hat damals mit genau den gleichen Argumenten, die jetzt Putin benutzt, die Tschechoslowakei zerschlagen und das Sudetenland besetzt.«

Sprechen wir es doch mal offen aus: Ein schöner, saftiger Nazivergleich im passenden Moment erfrischt und belebt jedes Gespräch. Einen Freund, der sich eine hässliche Brille mit runden Gläsern zugelegt hat, darf man ruhig mal mit Heinrich Himmler vergleichen. Einen Kumpel, der langsam fett wird, obwohl er sich energisch für den Tierschutz einsetzt, natürlich auch mit Hermann Göring. Und wer davon erzählt, dass er das Fallschirmspringen erlernen will, der darf sich nicht wundern über die Erwiderung: »Wieso? Willst du nach England und den Weltfrieden retten?« Den König aller Nazivergleiche, den Hitler-Vergleich, sollte man allerdings wirklich nur sparsam einsetzen und nicht an den erstbesten Schnauzbart verschwenden.

Die Bundesrepublik Deutschland ist ohne Nazivergleich tatsächlich überhaupt nicht denkbar, ja sie beruht ursprünglich auf einem Nazivergleich. Nach dem Krieg grübelte nämlich der schon damals nicht mehr ganz junge Konrad Adenauer, wie es nun mit Deutschland weitergehen sollte. Millionen von Nazis saßen im Land herum, viele von ihnen hätte man nun eigentlich vor Gericht stellen müssen. Gleichzeitig aber fehlten auch Millionen Arbeitskräfte, um das Land irgendwie wieder flott zu machen. Was tun?

Man konnte ja Deutschland nicht einfach abschaffen! Da sagte sich Adenauer: »Man schüttet kein dreckiges Wasser aus, wenn man kein reines hat!« Und statt die Nazis abzuurteilen, beendete man den Prozess gegen sie mit einem gütlichen Vergleich: Ihr bessert euch ein bisschen und arbeitet fleißig mit am Wirtschaftswunder – und wir vergessen im Gegenzug mal die Schweinereien, die ihr unterm Führer angestellt habt. Und die Nazis, sie lebten von nun an unauffällig, bis sie schließlich sanft entschliefen. Die Erfolgsgeschichte der Bundesrepublik Deutschland – wir haben sie dem größten aller denkbaren Nazi-Vergleiche zu danken.

Wenn Adolf Hitler heute als Untoter noch immer durch unsere Vergleiche geistert, dann liegt das daran, dass die Deutschen mit ihm keinen Vergleich mehr schließen konnten. So kam er nie zur Ruhe. Damit wird sich auch Harald Martenstein abfinden müssen. Die Deutschen können's ja auch.

# Höhepunkte
# einer Klatsche

Der Zweifel am Sinn des eigenen Tuns ist kein Zeichen von Schwäche, sondern von Vernunft. Nur Fanatiker und Hohlköpfe kommen nie zu der Einsicht, dass alles Treiben auf Erden, einschließlich des eigenen, am Ende vergeblich ist. Die meisten Menschen wird ein solches Gefühl schon einmal beschlichen haben. Aber sie schlagen sich dieses Unbehagen schnell wieder aus dem Kopf. Dabei ist die Erkenntnis der Sinnlosigkeit des Daseins durchaus nicht nur niederschmetternd. Sie befreit auch. Wer einmal die eigene Nichtigkeit im Verhältnis zum Universum und zur Ewigkeit begriffen hat, der kann sich nie wieder allzu wichtig nehmen und darum auch nicht verzweifeln. Ich räume aber ein: Manchmal bin auch ich der Verzweiflung nahe, wenn gar zu viel Dummheit auf mich niederstürzt. Dann frage ich mich: Wozu so viel elendes Zeug lesen und sehen, das doch nur Lebenszeit vergeudet? Wozu schreiben, da doch am Ende niemand klüger oder besser darob wird? Nicht einmal die Freude am Spott vermag mich in solchen Augenblicken ganz zu entschädigen.

Einen solchen Anfall von Verzweiflung handelte ich mir jüngst selbst ein, als ich – gegen alle guten Vorsätze und wider besseres Wissen – einen Blick in die Kundenzeitschrift der Deutschen Bahn namens *Mobil* warf. Die RTL-Fernsehmoderatorin Frauke Ludowig verriet da anlässlich des zwanzigsten Geburtstags ihres Klatschmagazins *Exclusiv* ihre zwanzig aufregendsten »Promi-Erlebnisse«. Ich las:

*Keith Richards hat ein ungewöhnliches Begrüßungsritual — er schiebt Gesprächspartnerinnen gerne seine Zunge in den Mund. Uuuh! Völlig verdutzt führte ich das Interview, sein Geschmack nach Campari-Orange verfolgte mich während des gesamten Gesprächs. Ein Glück, dass der Stones-Gitarrist kein Zwiebelmettbrötchen gegessen hatte.*

Frauke Ludowig lässt sich also von wildfremden Männern zur Begrüßung die Zunge in den Hals stecken – solange es sich nur um Prominente handelt. Bemerkenswert, wie genau die Reporterin das Aroma ihres Gesprächspartners analysieren konnte. Ich ging bis dahin davon aus, dass sie über keinerlei Sinn für Geschmack verfügt. Ihren berühmten Opfern kommt Frauke Ludowig überhaupt gerne sehr nahe:

*Nach der Trennung von seiner Frau Cindy traf ich Kevin Costner zum Interview. Geschätzte zwei Flaschen Rotwein hatten ihn verwegen gemacht: Er rollte mit den Augen, flirtete mit mir wie ein Weltmeister. Pech für ihn: Ich war bereits liiert.*

Nee, Frauke: Nicht Pech, sondern Glück für ihn! Beinahe wäre er nämlich wegen eines zufälligen Vollrauschs morgens nackt neben Frauke Ludowig aufgewacht. Da hätte er ganz gewiss nicht mit dem Wolf getanzt, sondern geheult. Ab und zu begegnet Frauke Ludowig aber auch nüchternen Menschen:

*Manchen Stars eilt ein Ruf voraus. Und Joan Collins machte ihrem Image als Biest alle Ehre. Auf die Frage, wie sie es schafft, mit fast 80 Jahren noch so gut auszusehen, fauchte sie giftig: »Das können Sie alles in meinem Buch ,Intime Memoiren' nachlesen.«*

Einer Bestie wie Frauke Ludowig muss freilich eine Dame, die sich mit einem gelungenen Scherz eine aufdringliche Dummheit verbittet, als »Biest« erscheinen. Wohler fühlt sich Frauke Ludowig, wenn ihr Gesprächspartner völlig wehrlos ist:

*Als einzige deutsche Reporterin durfte ich Siegfried und Roy zu Hause besuchen. Der weiße Tiger Montecore hatte Roy kurz vorher angegriffen und ihn lebensgefährlich verletzt. Schwer gezeichnet saß der Entertainer im Rollstuhl. Bei den Dreharbeiten nahm er zum ersten Mal alle Kraft zusammen und erhob sich.*

Dem Tod von der Schippe zu springen, nur um dann vor Frauke Ludowig strammstehen zu können – kann man sich etwas Trostloseres vorstellen? Noch nie hat sich ein Mensch tiefer erniedrigt, indem er sich erhob. Wäre Roy nicht im Rachen des Tigers besser aufgehoben gewesen als im Klatschmaul der Hyäne?

Beachtlich ist es, welchen Wert Frauke Ludowig auf ihre eigene Person legt. Weil sie einen Posten ergattert hat, der sie berechtigt, reichen und schönen Menschen ein Mikrofon vor die Nase zu halten, glaubt sich die Bankkauffrau aus Wunstorf in der höheren Gesellschaft arriviert. Ganz konsequent behelligt sie die Öffentlichkeit sogar mit ihren Verdauungsbeschwerden:

*Kurz vor dem Abflug zur Oscar-Verleihung 2011 streikte mein Magen. Ich hatte mir einen Virus eingefangen – zum schlechtesten Zeitpunkt. Zwölf Stunden lang hatte mein Platz die Nummer ‚00‘ – und ich verließ ihn keine Sekunde. Krankheit ist bei den Oscars nicht vorgesehen. Also ignorierte ich mein Unwohlsein während der Livesendung souverän.*

Wir müssen uns Frauke Ludowig als glücklichen Menschen vorstellen. Nie kam ihr bislang ein Zweifel am Sinn ihres Treibens. Völlig erfüllt ist ihr Dasein von den geplatzten Röcken und begradigten Nasen fremder Leute. Sie reist durch die Welt, um mit Menschen zu reden, die nichts zu sagen haben. Und trifft sie mal einen, der etwas zu sagen hätte, bringt sie ihn durch ihre Fragen zum Schweigen. Soll man die Gedankenlosigkeit einer solchen Existenz bedauern oder bewundern? »Niemand im TV klatscht leidenschaftlicher als Frauke Ludowig«, heißt es beschwörend im Magazin *Mobil*. Könnte ihr nicht mal jemand leidenschaftlich eine klatschen? Vielleicht brächte dies Frauke Ludowig wenigstens für einen kostbaren Augenblick zur Vernunft.

# Menschenfresser
# bei der Arbeit

Unablässig warnen uns Kulturkritiker und andere Pädagogen vor den fatalen Folgen des Internets: »In Foren, Blogs und Chats vertrödeln die Menschen ihre Tage und Nächte!«, so geht die Klage. »Man trifft sich nicht mehr im Café oder im Sportverein, sondern nur noch im Netz! Wirkliche Gespräche gibt es keine mehr, die Leute reden nur noch virtuell aneinander vorbei! Keiner schaut dem andern mehr in die Augen, jeder nur noch auf seinen Bildschirm! Und im Internet ist alles so oberflächlich und unverbindlich! Die Menschen werden zu Usern, die sich hinter Pseudonymen verstecken, um ungehemmt pöbeln und die Sau rauslassen zu können!«

Wie schön ist es dagegen, wenn man auch einmal davon hört, wie Menschen im Internet zueinander gefunden und einen Bund fürs Leben geschlossen haben. Das Netz, so können wir den Pessimisten zurufen, es trennt nicht nur, nein, es vereinigt auch! Hier finden Einsame zueinander, die sich auf anderem Wege nie begegnet wären, ja nicht einmal voneinander erfahren hätten. Denn viele Leute sind scheu und verlassen selten das Haus. Oder sie haben längst resigniert, weil sie keine Hoffnung mehr haben, je einen Menschen zu finden, der ihre Wünsche, Vorlieben und Sehnsüchte versteht und teilt.

Da ist man zum Beispiel ein Unternehmensberater, Familienvater und CDU-Politiker in Hannover und träumt schon seit Jahren davon, filetiert und verspeist zu werden. Aber wie soll man sich diesen Traum erfüllen? Wo jemanden auftreiben, der Lust dazu hat, diese Aufgabe zu übernehmen? Alle Anfragen bei der niedersächsischen Fleischerinnung bleiben ohne Erfolg. Was tun? Hier bietet das Internet eine letzte Zuflucht. Denn das Netz ist so vielfältig, dass sich noch für die kleinste Neigungsgruppe eine Plattform findet. So glücklicherweise auch für die Kannibalen. In einem eigenen Forum unterhalten sich da Männer, die einander zum Fressen gern haben. Die meisten ergötzen sich bloß an ihren Fantasien, aber einige bekommen auch Lust, einmal in Wirklichkeit jemanden zu vernaschen oder vernascht zu werden.

Liebe entsteht, wenn die Bedürfnisse und Fähigkeiten von zwei Menschen sich wechselseitig ergänzen. Durch Tausch ist bald eine harmonische Gemeinschaft geboren. So fand auch der Niedersachse im Internet einen sächsischen Kriminalhauptkommissar, der schon länger begehrte, einmal einen Mann zu schlachten. Die beiden lernten sich im Chat kennen, flirteten, gewannen einander lieb. Der Kriminalhauptkommissar lud den Niedersachsen ein, in seinem abgelegenen Ferienhäuschen im Erzgebirge einen Kurzurlaub zu verleben. Im dortigen Hobbykeller schritten sie zur Tat. Zwei Männer erfüllen einander spontan lang gehegte Wünsche – ist da nicht mehr Liebe als in einer fünfzigjährigen, leidenschaftslosen Ehe, deren Insassen sich quälend langsam wechselseitig aufzehren?

Der deutsche Spießer hat es schwer. Die Zeiten, in denen er noch über verlotterte Weibsbilder schimpfen durfte, sind lange vorbei. Er kann nicht einmal mehr über Schwule herziehen, ohne als ewig gestriger Menschenhasser zu gelten. Dem deutschen Spießer gehen glatt die Perversen aus, über die er sich aufregen könnte, um die Ödnis seiner eigenen Existenz zu vergessen. Da kommt ein Kannibale gerade recht! In Afrika darf man die Menschenfresser nicht mehr vermuten, ohne sich als Rassist zu entlarven. Da trifft es sich gut, wenn auch in Dresden einer zu Hause ist.

Für die *Bild*-Zeitung, das Zentralorgan des deutschen Spießertums, war dieser Fall natürlich ein gefundenes Fressen. Den Redakteuren lief geradezu das Wasser im Munde zusammen, als sie mit Höchstgeschwindigkeit zum Tatort eilten. »Grausam, abartig, pervers« – so überschlug sich die Stimme der Berichterstatter vor

Begeisterung. Wie jedem Opfer, das in die Fänge dieser Journalisten gerät, wurde auch dem Kriminalhauptkommissar gleich ein Schimpfname mit Bindestrich eingebrannt: Er ist nun für immer der »Stückel-Mörder«. Dass überhaupt noch nicht geklärt war, ob der Mann wirklich ein Mörder oder vielleicht nur ein Sterbehelfer ist, spielte für die größte deutsche Zeitung keine Rolle. Die *Bild* verurteilt ja nicht endgültig, sondern nur vor. Wie gewöhnlich war das »schreckliche Verbrechen« kaum weniger schrecklich als jene Verbrecher, die solche Taten nicht nur berichten, sondern ausschlachten. Mit welcher Neugierde diese Journalisten da ins Innerste von Menschenfressern drangen! Mit welcher Hingabe sie über Geschmacksfragen diskutierten! Mit welchem Eifer sie, sicherer als die Spürhunde der Polizei, vermisste Leichenteile in der Erde witterten! Und wie enttäuscht waren sie, als der Kannibale bei seiner Vernehmung behauptete, er habe von seinem Freund gar nichts gegessen! Da entdeckt man schon mal einen Menschenfresser, und dann ist dieser Kerl Vegetarier!

Die Journalisten kennen solche Hemmungen nicht. Der Menschenfresser hat sie und ihre Familien eine ganze Woche lang sehr gut ernährt. Kannibalismus ist in Deutschland kein Straftatbestand. Wenigstens journalistischer Kannibalismus sollte es werden.

# Liebe zu Ziegen

Wenn in meiner Kindheit auf dem Dorf die Verwandtschaft zu einer Familienfeier zusammenkam, dann wurde die Tafel bei gutem Wetter im Freien aufgestellt, im Garten hinter unserem Haus, im Schatten des großen Kastanienbaums. Die Onkel und Tanten, Großeltern und Enkel, Cousins und Cousinen saßen beisammen an einem langen Tisch, auf dem Geschirr, Kaffeekannen und eine Erdbeertorte bereitstanden. Wurstbrötchen warteten schwitzend auf ihren Verzehr. Die Männer machten Bierflaschen auf. Wenn drei Generationen so beieinander saßen, geriet das Gespräch aber manchmal ins Stocken, da es an gemeinsamen Interessen fehlte.

In solchen Momenten gelang es einer bestimmten Anekdote, die ganze Familie wieder in heiterste Stimmung zu versetzen. Jedes Jahr wurde die Anekdote aufs Neue erzählt, ursprünglich von einer Großtante, die an Depressionen litt, immer zu Späßen aufgelegt war und gerne einen kleinen Schnaps trank. Nachdem sie ins Altersheim umgezogen war, übernahmen andere Mitglieder der Familie die Erzählung, die bei keiner Feier fehlen durfte. Als kleiner Junge verstand ich den Witz der Geschichte noch nicht und lachte bloß mit, weil alle Erwachsenen lachten. Erst in meiner Jugend erschloss sich mir mit dem Erwachen des Eros der tiefere Gehalt der Anekdote. Die angeheiterte Tante überlieferte sie ungefähr wie folgt:

»Als ich noch klein war, da lebte in einem Haus am Rand des Dorfes die alte Traudel. Ihr Mann war schon lange tot. Bei ihr lebte noch ein erwachsener Sohn, der nie eine richtige Arbeit oder eine

Frau gefunden hatte. Die alte Traudel besaß nicht den hellsten Verstand, im Kopf ihres Sohnes war es aber noch finsterer. Genügsam lebten die beiden auf ihrem kleinen Anwesen vor sich hin. In Streit mit der Nachbarschaft gerieten sie nie, wenn auch manchmal einige Männer im Dorf über das seltsame Paar unanständige Witze machten.

Nun geschah es aber in einer Nacht, dass mein Vater aus seinem Schlaf erwachte, weil seltsame Geräusche aus unserem Stall drangen. Er erhob sich schnell aus dem Bett, denn er vermutete einen Hühnerdieb oder anderen Einbrecher am Werk. Mit einem Knüppel in der einen, einer Lampe in der anderen Hand schritt er durch die Dunkelheit zum Stall. Das Tor stand offen und er trat ein. Und im Stall entdeckte er niemand anderen als den Sohn der alten Traudel, der sich gerade an einer Ziege zu schaffen machte.

Unser Vater hielt den Übeltäter fest und schlug Alarm. Bald waren alle im Haus und auch die Nachbarn erwacht. Man sandte nach der alten Traudel, damit sie ihren ertappten Sohn abhole. Und wisst ihr, was die alte Traudel sagte, als sie beim Tatort angekommen war und dem frisch ergriffenen Sünder gegenüberstand?« Äußerst gespannt lauschte die ganze Familie an dieser Stelle immer der Geschichte, obwohl doch jeder ihr Ende schon kannte. Meine Großtante fuhr fort: »Die alte Traudel stand da ganz verblüfft vor ihrem Sohn und sagte: Ich versteh das ni – wir ham doch selber Ziegen!«

Die Ausgelassenheit meiner Familie nach diesem letzten Satz kannte keine Grenzen. Alle lachten, dass ihnen der Pflaumenkuchen vom Teller rutschte. Und auch ich muss noch heute schmunzeln, wenn mir zufällig diese Anekdote in den Sinn kommt, zum Beispiel beim Anblick von Ziegen im Streichelzoo. Natürlich ist das geschilderte Verbrechen etwas unappetitlich. Aber es gibt gewiss noch schlimmere Dinge, die man Tieren antun kann, als Zoophilie. Man kann Tiere zum Beispiel auch umbringen und dann aufessen.

Als ich vor einer Weile hören musste, dass ein deutscher Satiriker das heitere Thema der Liebe zu Ziegen missbraucht hat, um Stimmung gegen den türkischen Präsidenten zu machen, da ärgerte ich mich darüber. Eine früher unbeschwerte Kindheitserinnerung ist nun plötzlich mit politischem Ballast überladen. Und zeigt nicht unsere Familienanekdote überdies, dass die Liebe zu Ziegen auch in deutschen Landen verbreitet, also keineswegs auf Herrscher mit orientalischer Prägung beschränkt ist? Die unter einsamen Männern beliebte Liebe zu Ziegen hat, wie ich meine, gar nichts mit Kultur oder Religion oder Politik zu tun, sondern liegt in dem Umstand begründet, dass man Ziegen – anders als Rinder oder Kamele – auch ohne eine Leiter liebhaben kann.

Allen Satirikern sei ein für alle Mal gesagt: Lasst die Ziegen in Frieden! Missbraucht sie nicht, um eure Gegner auf die Hörner zu nehmen! Einem Despoten, der ein ganzes Land vergewaltigt, tut man ohnehin nur einen Gefallen, wenn man ihn zum Tierliebhaber verniedlicht.

# Die roten
# Bullen

Ich bin kein großer Menschenfreund, besonders wenn mir die Menschen in Massen begegnen. Bekanntlich sinkt die Intelligenz der Leute, wenn die Zahl der Anwesenden steigt. Ich meide darum gewöhnlich Karnevalssitzungen, Friedensdemonstrationen und Sportveranstaltungen. Als mich aber vor einigen Jahren Freunde in Leipzig dazu einluden, sie ins Stadion zu begleiten, da sagte ich höflicherweise zu. Ich war auch neugierig, von dem Verein *RB Leipzig* hatte ich damals noch kaum etwas gehört. Ein Fußballspiel hatte ich überhaupt zum letzten Mal in meiner Jugend besucht. Jener Besuch galt damals einem Verein, der heute hauptsächlich dafür bekannt ist, dass einige seiner schwarzgelben Fans bei Auswärtsspielen in fremde Städte einfallen wie Hunnen ins Nonnenkloster.

Mit meinen Freunden André, Julius und Christian stapfte ich durch den Leipziger Westen. Wir trotzten der Kälte und dem Winterwind, der uns unbarmherzig Schnee in die Gesichter blies.

»Das hätte ich mir ja nicht träumen lassen«, sagte ich, »dass ihr drei Künstler und Schlawiner euch einmal Dauerkarten für einen Fußballverein kaufen würdet!«

»André und ich, wir sind schon immer große Fußballfans!«, sagte Julius. »Und Christian, naja, Christian kommt halt auch mit. Natürlich spielt es eine Rolle, dass es seit 2009 den neuen Verein gibt: *RB Leipzig*. Zu den alten Klubs, Lok und Chemie, konnte man eigentlich als Normalmensch nicht gehen. Da waren die Fans doch zu krass. Aber *RB*, das ist ein Familienverein, da trauen sich sogar Studenten ins Stadion!«

»Was heißt eigentlich *RB*?«, fragte ich.

»Offiziell heißt es *Rasenballsport*«, sagte André und lachte. »Aber natürlich weiß jeder, dass sich hinter dem Tarnkürzel der Hauptsponsor *Red Bull* verbirgt. Aber der Fußballverband erlaubt es nicht, Vereinsnamen zu Werbezwecken zu benutzen.«

Seltsam, dachte ich, da doch sonst im Profisport mittlerweile alles käuflich ist! Einen seltsamen Beigeschmack hatte die Sache – genau wie auch das beworbene Gesöff. Mit Schaudern erinnerte ich mich daran, wie ich in der Jugend in diversen Diskotheken selbst diesen Gummibärchensaft mit Stierhodenextrakt konsumiert hatte. Immerhin gab es am Einlass der *Red Bull Arena* keinen Zwangsausschank.

Wir betraten den Nachfolgebau des ehrwürdigen Zentralstadions, das zu Zeiten der DDR hunderttausend Zuschauer gefasst haben soll. Jetzt verloren sich siebentausend Menschen auf den Rängen. Unten auf dem Grün schossen sich die Spieler der beiden Mannschaften warm. Zu Gast waren die *Stuttgarter Kickers*, ein Häuflein Schwaben fror einsam im Gästeblock auf der gegenüberliegenden Seite des Stadions. Auf der elektronischen Anzeigetafel prangten die Wappen der beiden Vereine, das Leipziger Emblem bestand aus zwei roten Stieren, die mit gesenktem Kopf aufeinander zustürzten. Es erinnerte mich an ein Logo, das ich schon mal irgendwo gesehen hatte.

»Gibt's nicht auch Kritik an dieser Kommerzialisierung des Fußballs?«, fragte ich. »Da kauft sich ja irgendeine Firma eine ganze Mannschaft und macht dann, was sie will!«

»Nein, eigentlich nicht, außer von ein paar verstockten Traditionalisten«, sagte Julius. »Ich glaube, die Leipziger sind einfach nur froh, dass es in der Stadt endlich wieder einen Verein gibt, der es wenigstens bis in die dritte Liga geschafft hat. Langfristig soll die Mannschaft sogar in die Bundesliga aufsteigen.«

»Na, dieses Ziel scheint mir doch ein bisschen größenwahnsinnig«, wandt ich ein.

»Und nun begrüßen wir unsere roten Bullen!«, rief der Stadionsprecher, der inzwischen den Rasen betreten hatte, ins Mikrofon. Die Zuschauer skandierten die Namen der Spieler. Die Mannschaften kamen aus der Kabine und der Schiedsrichter pfiff das Spiel an. Ein Mann in einem roten Bullenkostüm mit Schwanz und Hörnchen rannte unten vor dem Fanblock auf und ab und animierte das Publikum zum Klatschen.

Die Fans stimmten siegessicher ihren Gesang an: »Auf geht's Leipziger Jungs! Schießt ein Tor für uns!«

Direkt vor uns stand ein kleiner Junge auf seinem Sitz und sang mit größerer Inbrunst als die meisten Erwachsenen. Selbst seinem Vater war die Begeisterung etwas peinlich.

Plötzlich quietschte neben mir Christian: »Vorsicht, die Taube! Da ist eine Taube auf dem Spielfeld! Passt auf, dass ihr nichts passiert!«

Die Fans schauten uns mit ungläubigen Gesichtern an. Auch der kleine Junge drehte sich zu uns um.

»Scheiß auf die Taube, Mann!«, sagte er leise und schaute wieder nach vorn.

Ich blickte beschämt zu Boden und trat ein paar Schritte beiseite, damit Christian genügend Raum bekam, um seine Einsamkeit zu genießen. Da brach plötzlich ein Leipziger nach einem Doppelpass in den Strafraum der Gegner und schoss *RB Leipzig* in Führung. Die Zuschauer jubelten und sangen.

»Olé, olé, olé! Nur noch der *RB*! Wir lieben unsre Heimat! Fußballstadt L.E.!«

Aber die Schwaben kämpften wacker und hielten weiter dagegen. Einer der roten Bullen rammte einen gegnerischen Spieler um, der Schiedsrichter pfiff.

»Das war doch nüscht! Steh auf, du Schlappschwanz!«, brüllten die Leipziger Fans.

Ein Schwabe holte einen Leipziger von den Beinen, der Schiedsrichter pfiff nicht.

»Das war Foul! Zeig dem Schwein rot!«

Ein Leipziger rannte ins Abseits, der Linienrichter hob seine Fahne.

»Das war kein Abseits! Nehmt dem Idioten die Fahne weg!«
Ein Schwabe tauchte allein vor dem Leipziger Tor auf und versenkte den Ball im Netz.

»Das war Abseits! Abseits! Schieber! Schieber! Schieber! Ohne Schiri habt ihr keine Chance!«

Im Fußballstadion begreift man, wie Kriege möglich sind.

In der Halbzeitpause begann die Kälte, mir in die Glieder zu kriechen. Auch ein heißer Kaffee nutzte nichts. Ich freute mich, als das Spiel nach einer Viertelstunde endlich weiterging.

»Wer nicht hüpft, der ist ein Schwabe!«, riefen die Leipziger Fans.

Ich hüpfte mit, zuerst nur, um mich ein bisschen warm zu machen, aber bald verwandelte sich die Bewegung in Überzeugung. Ich klatschte, wenn alle klatschten. Ich sang, was alle sangen. Eine La Ola ging durch die Kurve, gewaltig wie eine Brandungswelle am Ufer der Pleiße. Ich machte mit. Ich hob und senkte mich mit Ebbe und Flut. Ich war nur noch ein Tropfen im Ozean der gemeinschaftlichen Begeisterung, ein Schnörkel am Ornament der Masse.

Einem Schwaben sprang der Ball an die Schulter.

»Hand! Das war Hand! Zeig dem Schwein rot!«, brüllte ich.

Der Schiedsrichter ließ weiterspielen.

»Das war Hand, du Schieber!«, rief ich und drohte dem Unparteiischen mit der Faust. »Schiri, ich weiß, wo dein Auto steht!«

Bald schossen die Leipziger das hochverdiente 2:1. Sie retteten die Führung über die Zeit. Nach dem Abpfiff kannte der Jubel keine Grenzen mehr – außer jener zwischen den Fanblöcken. Aber da gehörte auch ich schon zu den Siegern.

# Freundes
# Leid

Ich stecke den Schlüssel ins Schloss der Wohnungstür und will ihn umdrehen, aber er klemmt. Ich drücke, schiebe und rucke, aber die Tür will sich nicht aufschließen lassen. Es dauert eine ganze Minute, bis mir einfällt: Ich versuche gerade, mit meinem eigenen Schlüssel die Wohnungstür meines Freundes Max aufzuschließen. Kurz bin ich peinlich berührt von meiner eigenen Dummheit, aber dann gefällt mir mein Missgeschick eigentlich schon wieder: Könnte es denn ein schöneres Symbol geben dafür, wie heimisch ich mich bei Max fühle? Sehr oft übernachte ich sogar bei ihm. Eigentlich bilden wir schon eine Art von Wohngemeinschaft. Wenn ich da bin, legt er mir seine Gästematratze aufs Parkett. Er bezieht sogar Kissen und Decke eigens für mich mit frischer Bettwäsche – man kann also schon von einer Beziehung sprechen.

Ich klopfe rhythmisch gegen die Tür. Schritte nähern sich und es wird aufgetan. Aber ich komme nicht dazu, Max zu begrüßen. »Scheiße, ich blute!«, ruft er und rennt im Kreis durch seine Küche. »Orr nee! Scheiße, ich blute! Ich blute!«

Aus seinem rechten Daumen tropft es, er zieht eine rote Spur hinter sich her. Endlich findet er eine Packung mit Papiertaschentüchern und stoppt die Blutung. Mit der linken Hand zieht er eine Schublade auf, holt Heftpflaster heraus und verklebt seine Wunde.

»Was ist denn los?«, frage ich.

»Ach, eine dumme Scheiße! Vor ein paar Wochen ist mir ein Spiegel heruntergefallen«, sagt Max und zeigt in eine Ecke der

Küche, in der einige Scherben liegen. »Und jetzt wollte ich das Zeug mal runter in den Müll bringen und da hab ich mich geschnitten.«

»Geht's wieder?«, frage ich.

Max nickt.

»Ich mach uns einen Kaffee, ja?«, biete ich an, um etwas Trost zu spenden.

Während ich die kleine Espressokanne mit Wasser und Pulver fülle und auf den Herd setze, beäugt Max beständig seinen bepflasterten Daumen.

»Jetzt müsste es ja eigentlich wieder gehen, oder? Ich gucke mal drunter!«, sagt Max und zieht das Heftpflaster ab.

»Du solltest das noch drauf lassen«, sage ich.

»Scheiße, ich blute!«, ruft Max und rennt im Kreis durch die Küche. »Orr nee! Scheiße, ich blute! Ich blute!«

Ich reiche ihm ein neues Pflaster und Max verarztet sich noch einmal, während ich Kaffee einschenke.

»Wehe, du schreibst das hier auf!«, droht Max. »Für die Geschichte hab ich geblutet!«

»Okay, ich verspreche es!«, erwidere ich. »Aber dann musst du mir auch versprechen, in Zukunft vorsichtiger zu sein!«

Max nickt stumm.

In einer Bar sitzen wir einige Stunden später am Tresen und erörtern die großen und die kleinen Fragen des Daseins.

»Ich weiß auch nicht, wieso ich mich dauernd selbst verletze«, sagt Max. »Aber ich habe diese Neigung schon seit meiner Kindheit. Und es wird auch mit dem Alter nicht besser. Das lässt sich auch nicht nur durch Unaufmerksamkeit erklären. Es ist beinahe eine Sucht! Ja, und meine Süchte sind natürlich auch eine Art von Selbstverletzung. Das Rauchen meine ich und das Trinken. Ich weiß schon, dass mir das nicht guttut, aber ich kann es nicht lassen.«

»Ich habe letztens gehört, die Leber sei ein Organ, das kein Schmerzempfinden hat«, sage ich. »Wenn die im Eimer ist, dann merkt man es also lange gar nicht.«

»Vielen Dank, Micha!«, seufzt Max. »Jetzt hast du meinen Schatz an Angstneurosen um eine weitere Fantasie bereichert.«

»Tut mir leid!«, sage ich und bestelle noch zwei Schnäpse.

»Aber weißt du, Micha, warum ich trotz allem klarkomme, warum ich mein Leid meistere? Es ist mein Glaube! Ja, mein Glaube stärkt mich. Durch ihn besiege ich alle Furcht vor Krankheit und Tod. Deswegen ertrage ich auch meine häufigen Verletzungen so leicht. Denn ich weiß: Gott hält seine schützende Hand über mich. Davon willst du verstockter Heide natürlich nichts hören! Schon klar! Ich glaube manchmal, Gott will mich prüfen. Ja, er umgibt mich mit Zweiflern und Gottlosen wie dir, damit ich das Christentum gegen Anfechtungen verteidige! Micha, ich glaube, diese ganzen Wunden, die ich mir selbst beibringe – die sind Zeugnisse für mein Gottvertrauen! Ich soll leiden, ich soll mich selbst verletzen, um euch ein Beispiel für die Kraft des Glaubens zu geben! Ja, ich vergieße mein Blut um euretwillen! Ich bin euch gesandt!«

Die anderen Gäste unterbrechen ihre Gespräche und schauen auf Max so, als erwarteten sie nun ein Wunder.


Schon gegen zwei Uhr übermannt mich in der Bar die Müdigkeit. Max ist noch quicklebendig, deshalb mache ich mich schon mal allein zurück auf den Weg in die Wohnung. Sanft schlummere ich wenig später auf meiner Matratze ein. Ein paar Stunden später weckt mich Lärm aus der Küche. Es sind die Geräusche, die charakteristischerweise entstehen, wenn jemand spät nachts noch in orientierungslosem Hunger versucht, sich Spaghetti mit Nutella zuzubereiten. Mir schwant Übles. Prompt ertönt ein markerschütternder Schrei. Ich springe aus dem Bett und renne in die Küche. Zwei Herdplatten sind angeschaltet, aber nur auf einer köchelt eine Flüssigkeit. Erst auf den zweiten Blick entdecke ich Max. Er kniet vor dem Kühlschrank und hat seine linke Hand ins Gefrierfach gesteckt.

»Scheiße, ich hab mich verbrannt! Orr nee! Scheiße, ich hab mich verbrannt! Ich hab mich verbrannt!«

»Jetzt rufe ich aber einen Arzt!«, sage ich und schreite zum Telefon.

»Nein! Kein Arzt!«, fleht Max. »Das ist halb so wild!«

Erst nach einigem Zögern lege ich mich mit mulmigem Gefühl wieder ins Bett.

Am nächsten Morgen muss mir Max beim Frühstück seine stigmatisierten Hände vorzeigen. Die linke Handfläche ist rot angelaufen, der rechte Daumen verpflastert.

»Du schreibst das aber nicht auf, oder?«, bettelt Max. »Das machste net, oder?«

»Das kann ich nicht versprechen!«, erwidere ich. »Ich muss vor der Welt Zeugnis ablegen! Max, ich bin dein Evangelist! Ich muss die Geschichte deines Martyriums erzählen, auf dass deine Taten und Worte unsterblich werden und man dich lobet und preiset immerdar!«

# Schweigen im Szeneviertel

Mein Berliner Stadtbezirk Friedrichshain-Kreuzberg gibt 100.000 Euro für Pantomimen aus. Die Aufgabe der Schweigekünstler? Sie sollen die Partytouristen im Viertel mit humoristischen Mitteln zu Ruhe und Rücksicht ermahnen, damit die Ureinwohner künftig wieder schlafen können. Ganz in Weiß gewandet laufen die Pantomimen nachts durch die Straßen und legen den Finger auf den Mund. Wem das albern vorkommt, der hat noch nicht begriffen, dass in einem »Szeneviertel« andere Gesetze herrschen als im Rest der Welt.

Ob Berlin-Neukölln, Hamburg-Altona oder Recklinghausen-Suderwich: Es gibt keine deutsche Großstadt mehr, die ohne ein »Szeneviertel« auskommt. Das Wort steht inzwischen sogar auf städtischen Wegweisern und in offiziellen Broschüren der Tourismuswerbung. Ein Szeneviertel ist gewöhnlich ein Altbauviertel. Es war früher heruntergekommen und unbeliebt, aber auch billig, deshalb von Proletariern bevölkert. Aber auch Bürgersöhne sind, obwohl gebildet, erst einmal arm, nämlich während ihres Studiums. Manch einer von ihnen wird sogar Künstler und kommt deswegen nie zu Geld. Diese Studenten und Künstler rücken also in die billigen Arbeiterviertel ein. Sie feiern gern und interessieren sich für Kultur, also öffnen bald Kneipen und Klubs, Ateliers und Buchhandlungen. Das Viertel macht sich langsam, der Proletarier macht sich derweil davon ins Neubauviertel, weil die Mieten inzwischen zu hoch sind und er Chai Latte nichts abgewinnen kann.

Der Bürgersohn kann nun ungestört und unbeschwert im Szene-viertel ein paar Jahre lang richtiges Leben im falschen spielen, be-vor er zu Beruf und Familie kommt, an den Stadtrand zieht und »ein Philister« wird »so gut wie die anderen auch« (Georg Wilhelm Friedrich Hegel). Nachschub an Menschenmaterial gibt es für das Szeneviertel genug, denn zwei Mal im Jahr rücken ja neue Erst-semester ein – alle mit dem Traum vom »ganz Anderen« im Kopf und IKEA-Regalen im gemieteten Lieferwagen.

Ganz tadellos erfüllt das Szeneviertel zwei Funktionen: Es dient einerseits als Brutkasten fürs heranwachsende Bürgertum, das in geselliger Wärme so lange mit Bierinfusionen gepäppelt wird, bis es stark genug für den Büroalltag ist. Andererseits ist das Szeneviertel aber auch ein Vergnügungspark, in dem sich die er-wachsenen Angestellten ab und zu erholen können, wenn die Öd-nis ihrer Existenz sie an den Rand der Verzweiflung bringt. Dann rotten sich die Bürger nach Dienstschluss zusammen und fallen, den Schlips noch um den Hals, zum After-Work-Bier mal wieder in jene Lieblingskneipe ein, in der sie in ihrer Studienzeit achso-verrückte Sachen erlebt hatten. Die Euphorie verfliegt aber schnell, man trinkt ja nicht mehr so viel und muss auch morgens früh raus. Die jungen Frauen am Tresen betrachten die gealterten Fremdlinge etwas spöttisch, im Gespräch miteinander öden sich die Bürger auf Urlaub nur noch an. Nach dem zweiten Bier ruft man das Taxi. Es ist, als wäre es Toten gestattet, nach dem Ableben gelegentlich un-ter die Lebenden zurückzukehren, wo die anfängliche Freude über das Wiedersehen mit der Erde rasch durch den Neid auf das Glück der Irdischen verdorben wird.

Im Szeneviertel wird, wie der Name schon sagt, immerzu ge-schauspielert. Auf dieser Bühne bewegen sich die Jungen, die so tun müssen, als wären sie schon mehr als pubertierende und pre-käre Existenzen. Und am Wochenende kommen die Älteren, deren gezwungene Ausgelassenheit die traurige Gewissheit überspielen soll, dass all die Blütenträume ihrer Jugend fruchtlos geblieben sind. Väter und Söhne treffen da manchmal in denselben Kneipen aufeinander, tun aber so, als ob sie einander nicht kennten. Im Bild des anderen begegnet ihnen ihr eigenes deprimierendes Schicksal: Der Junge sieht im Vater die unausweichliche Zukunft, der Alte im Sohn seine verschwendete Vergangenheit. Beide wechseln lieber schnell das Lokal. Wer das Szeneviertel einmal ohne Kostüm und Schminke erwischen will, der muss am Samstagmorgen kurz nach Sonnenaufgang durch die Straßen laufen. Vom Überschwang der Nacht künden nur noch die Pisse auf dem Bürgersteig und die Kotze im Hauseingang. Einige Verspätete torkeln noch nach Hause, während gleichzeitig Proletarier auf Frühschicht den Müll der Reichen einsammeln. Große Lastkraftwagen liefern Kästen mit vollen Flaschen und nehmen die leeren wieder mit. Die ewige Wiederkehr des Gleichen funktioniert reibungslos.

Im Stoffwechsel des Szeneviertels stört eigentlich nur eine Gruppe: nämlich jene Alten, die, obgleich längst in gesicherten Verhältnissen, immer noch im angestammten Revier wohnen. Sie haben den Traum von der Möglichkeit des Unmöglichen nicht aufgegeben. Sie wollen mitten im wilden Leben bleiben und gleichzeitig ihre Ruhe haben. Aber das ist schwierig im Szeneviertel. Denn der Vergnügungstrubel zieht Junggesellen vom Stadtrand und Touristen aus der ganzen Welt an. Weil diese Besucher im Szeneviertel nicht selbst zu Hause sind, benehmen sie sich wie entfesselte Invasoren und ziehen brüllend und brandschatzend durch die fremden Straßen. Der Kampf ums Dasein, der außerhalb des Szeneviertels tobt, spiegelt sich drinnen als hysterisches und brutales Wettfeiern: »Party hard!« Da ruft so mancher Alteingesessene gegen drei Uhr nachts telefonisch doch mal nach jenen Bullenschweinen, die er selbst früher in jugendlichem Übermut noch mit Steinen beschmissen hatte.

Um den Konflikt zu entschärfen, schickt Berlin nun die Pantomimen auf Patrouille. In dieser Aktion kommt das Szeneviertel wahrlich zu sich selbst. In einem gewöhnlichen Wohnbezirk sorgt einfach die Polizei mit Gummiknüppel und Pfefferspray für Ruhe. Aber in einem Viertel, das ganz zur Bühne geworden ist, muss man Schauspieler rufen, denn Akteure nehmen nur andere Akteure wahr, solange das Stück läuft. Geredet werden kann dabei allerdings nicht, denn die schnöde Vernunft hat der Besucher des Vergnügungsviertels ja am Einlass abgegeben. Hier kann man nicht einfach um Ruhe bitten, hier muss man vorführen, denn Kinder lernen nur durchs Nachahmen. Im Szeneviertel muss selbst die Disziplin noch kreativ eingeübt werden. Immerhin kommen so einige jener prekären Existenzen, die von der alternativen Szene beständig ausgebrütet werden, als Pantomimen unter. Auf der Straße, in der sie vielleicht sogar selbst wohnen, finden sie Arbeit, allerdings dafür immer noch keinen Schlaf, denn die Arbeitszeit liegt recht ungünstig zwischen 22 und 4 Uhr. Auch dürfte ihr Verdienst nicht überragend sein. Ob sie sich deswegen irgendwann beschweren werden? Wahrscheinlich nicht: Sie werden ja fürs Schweigen bezahlt.

# Drei
# goldene Worte

Wie Betrunkene gelegentlich einen Laternenpfahl brauchen, um nicht umzukippen, so benötigen manche Menschen eine Lebensmaxime, an der sie sich bei Bedarf festhalten können. Es sind jene Sprüche, die in der Schule mit roter Tinte in Poesiealben geschrieben werden, später begegnen sie uns auf Abreißkalendern oder wir lesen sie auf dem Umschlag von Romanen, die uns Tanten zum dreißigsten Geburtstag schenken. Es handelt sich um Lebensweisheiten vom Kaliber eines »Carpe Diem – nutze den Tag!« oder auch »Träume nicht dein Leben, sondern lebe deinen Traum!« Ich erlebte einmal, wie eine Gruppe Berliner Kuschelrapper jene beiden Zeilen in einem Song zu einem Refrain verwurstete. Beim Zuhören keimte in mir der Wunsch auf, weniger als einmal gelebt zu haben.

Tiefe Einsichten in das Leben lassen sich gewiss auch in einzelnen Sätzen ausdrücken. Aber Allerweltssprüchen sollte man nicht folgen wie biblischen Geboten. Auf ausgetretenen Pfaden gelangt man nicht ins Paradies, sondern bloß dahin, wo die meisten anderen auch schon sind, also in die Hölle. Auch mich begeistern oft Aphorismen, ja sogar abgerissene Redewendungen über alle Maßen. Aber nicht die Durchschnittsmeinungen des Konsensgeschmacks sind es, die ich suche. Mich entzückt das Unscheinbare und Abseitige, das Murmeln des Unterbewusstseins unserer schlafenden Gesellschaft.

Eine wahre Erleuchtung erlebte ich einmal auf einem Berliner S-Bahnhof. Ich blickte auf ein Werbeplakat hinter dem Schienenstrang. Zu sehen waren die schönen Beine einer jungen Frau auf einer Tanzfläche, neben ihnen stand eine Flasche *Berliner Pilsner*. Der Slogan des Plakats lautete: »Berlin, du bist so wunderbar«. Seit einiger Zeit versuchen Reklameprofis, der Marke *Berliner Pilsner* etwas vom Glanz der Weltstadt Berlin anzukleben. Aber leider schmeckt die öde Plörre nun mal gar nicht nach Metropole, sondern immer noch nach Königs Wusterhausen. Ich wandte mich ab. Werbung für Bier lässt mich ohnehin immer kalt, denn Bier hat bei mir gar keine Reklame mehr nötig. Ich bin von den positiven Eigenschaften dieses Produkts bereits völlig überzeugt. Als ich dann aber noch einen zweiten Blick auf das Plakat warf, entdeckte ich doch etwas Erstaunliches. Ganz klein in einer Ecke, wie von schlechtem Gewissen versteckt, standen da drei Worte von tiefster Weisheit. Sie werden von nun an auf immer mein Lebensmotto sein: »Bier bewusst genießen.« Welche Fülle von neuen Einsichten schoss mir da durch den Kopf! Ich wiederholte die Worte laut: »Bier bewusst genießen.« Wie oft verstoßen wir alle gegen diese kluge Maxime! Wie oft schon haben wir Bier bewusstlos genossen! Wie oft lagen wir im Straßengraben und dachten: Mein Gott, bin ich heute wieder schön besoffen! Ich wünschte nur, ich wäre nicht so schlimm besoffen, dann bekäme ich viel klarer mit, wie schön besoffen ich bin!

Der *Deutsche Brauer-Bund* gibt vor, mit seiner Kampagne »Bier bewusst genießen« gegen exzessiven Alkoholkonsum angehen zu wollen. Jene jugendlichen Komasäufer, die sich am nächsten Morgen nie an ihren Genuss erinnern können, sollen sich die drei Worte wohl über das Arschgeweih tätowieren lassen. Tatsächlich behaupten die Deutschen Brauer im Netz allen Ernstes, sie hielten es »nicht für akzeptabel, betrunken zu sein.« Die Brauer waren offenkundig besoffen, als sie das schrieben. Ich wenigstens ging bislang von der Annahme aus, dass die Trunkenheit gerade der Zweck des Trinkens ist.

Die Worte der Deutschen Brauer verkünden tatsächlich eine ganz andere Botschaft, als ihre ahnungslosen Schöpfer im Sinn hatten. »Bier bewusst genießen«, das heißt: Steigere deinen Genuss, indem du das Bewusstsein deines Genusses erhöhst! Wie aber ist dies möglich? Einzig durch regelmäßige Übung und eine kontinuierliche Steigerung des Konsums. Irgendwann schlägt die Erhöhung der Quantität in eine neue Qualität des Genusses um. Nur ein wirklich erfahrener Trinker kann nach zehn Bieren noch bewusst seinen Rausch erleben. Während ungeübte Gelegenheitstrinker längst auf der Toilette in ihrem eigenen Erbrochenen eingeschlafen sind, schaut der Wirkungstrinker am Tresen mit klarem Blick seinem Glück bis auf den Grund. Die Kellnerin wirft ihm schmachtende Blicke zu und haucht: »Noch nie sah ich einen Mann, der sein Bier so bewusst wie du genoss!« Diesem Trinker reißt kein Film, weder Kopfschmerz noch Übelkeit schütteln ihn am nächsten Morgen. In seinem Leben gibt ein Rausch dem nächsten freundlich die Klinke in die Hand.

All dies sagen uns jene drei unscheinbaren Worte. Man muss sie nur zum Sprechen bringen.

# Die milden
# Gaben


Die Goethestraße südlich des Münchner Hauptbahnhofs ist in ihrem oberen Teil so orientalisch, dass Goethe seine helle Freude daran gehabt hätte. Als ich die Straße einmal entlanglief, sah ich eine arabische Frau, die einen der türkischen Gemüsehändler um etwas zu essen bat. Der Mann griff ohne Zögern in seine Auslage und reichte der Frau eine Banane, die allerdings schon ziemlich angebräunt war. Zuerst wollte ich mich über den Händler ärgern, der die Bedürftige mit so dürftiger Kost abspeiste. Doch dann hielt ich inne. Immerhin hatte er ihr ja überhaupt etwas gegeben, getrieben von Menschenliebe oder religiösem Pflichtgefühl. Welcher deutsche Gemüsehändler würde überhaupt einem Bettler eine Frucht schenken und ihn nicht einfach davonjagen? Dass der Händler der Hungrigen nicht die prachtvollste Banane überließ, ist wohl auch nicht zu tadeln. Ich gebe ja Obdachlosen gewöhnlich auch keinen Fünfzig-Euro-Schein, sondern nur eine Fünfzig-Cent-Münze, weil mir das eingedenk meiner eigenen Vermögensverhältnisse angemessen erscheint. »Du Geizhals! Gib doch einen ganzen Euro!«, wird mancher sagen. Aber ich gehöre zu den Menschen, die noch nicht vergessen haben, dass fünfzig Cent ja eine Mark sind und dass Bettler früher immer genau diese eine Mark haben wollten.

Aber vielleicht bin ich aus der Zeit gefallen, schon weil ich die Inflation nicht in Rechnung stelle. Bei einem anderen Besuch in München überraschte mich an einer U-Bahn-Station einmal ein durchaus gepflegt wirkender Herr mit den Worten:

»Entschuldigen's! Könnten Sie mir amol fünf Euro pumpen?« Da musste ich den Kopf schütteln. Beinahe hätte ich erwidert: »Fünf Euro?! Kollege, ich helfe gern, aber das ist zu viel verlangt. Um von jemandem fünf Euro zu bekommen, muss ich ihm einen Abend lang Texte vorlesen! Und du willst die für einen einzigen Satz!« Ich sagte dann aber doch nichts, denn mir fiel ein, dass die Lebenshaltungskosten in München ja auch höher als bei mir zu Hause sind, was gewiss den Münchner Bettlern das Recht gibt, ihre Tarife höher als andernorts anzusetzen. Nur sollen dann bitte auch die Einheimischen diese Preise zahlen.

Seit ich in Berlin wohne, habe ich mich im Umgang mit Bedürftigen geübt. Es gibt wohl keine andere deutsche Stadt, in der so viele Menschen auf den Straßen und in den Bahnen ihre Mitbürger um Geld bitten. Die Bedürftigen wenden dabei die unterschiedlichsten Methoden an. Manche blasen in eine Flöte oder zupfen auf einer Gitarre, um die Herzen und Geldbörsen zu öffnen. Obdachlose verkaufen Obdachlosenzeitungen, nachdem sie sich höflich für die Störung entschuldigt haben. Andere Bettler haben nichts anzubieten als ihre schiere Not und öffnen bloß ihre hohlen Hände. »Geben ist seliger denn nehmen«, so lehrt uns die Heilige Schrift. Und wahrlich, auch ich gebe, besonders dann, wenn die Sonne scheint, ich guter Laune oder betrunken bin. Aber ich habe nicht genug, um allen Bedürftigen etwas geben zu können; es sind schlicht zu viele. Und hier entspringt der Gram, der wohl den seligen Friedrich Nietzsche zu folgendem Spruch verleitete: »Bettler aber sollte man ganz abschaffen! Wahrlich, man ärgert sich, ihnen zu geben, und ärgert sich, ihnen nicht zu geben.«

Auch ich fühle beim Verteilen von Almosen kein so ungetrübtes Vergnügen, wie es eine gute Tat eigentlich gewähren sollte. Denn ich kann nicht vergessen, dass ich dem einen nur geben kann, weil ich vielen anderen nichts gebe. Und nie verschwindet ganz der Zweifel, ob ich nicht vielleicht den Falschen beschenke. Solcher Zweifel wird genährt durch jene Bettler, die schwindeln, um an mein Geld zu kommen. Da wären auf den Straßen zum Beispiel die jungen Männer mit Plastikkrücken, die aufgrund einer seltsamen Krankheit an geraden Tagen mit dem rechten Bein humpeln und an ungeraden mit dem linken. Aber auch auf Bahnhöfen ist man vor Nepp nicht gefeit. Sollte mich noch einmal am Gleis ein junger Mann ansprechen, der mir unterbreitet, er sei leider gerade eben ausgeraubt worden und brauche dringend zehn Euro, um nach Cottbus fahren zu können – dann kaufe ich ihm die Fahrkarte, aber setze mich mit ihm in den Regionalexpress und prüfe, ob er auch wirklich in Cottbus ankommt! Man lasse sich doch bitte wenigstens eine glaubwürdigere Geschichte einfallen! Nach Cottbus?! Niemand will nach Cottbus!

Dreiste Ehrlichkeit ist mir allemal lieber als eine verklemmte Lüge. Freuen würde ich mich, käme mal ein Fremder zu mir und sagte: »Pass auf, Keule! Ich würde jetzt gerne ein Bier trinken, habe aber kein Geld mehr. Gibst du mir einen Euro?« Diese Geradheit würde ich sogleich belohnen! Als ich einmal zwei Punks vorm Supermarkt bei mir um die Ecke Münzen in den Pappbecher warf, da begleitete ich in einem Anfall kecker Laune meine Spende mit der Mahnung: »Aber bitte auch wirklich Bier davon kaufen!« Die beiden versicherten mir dies dann auch auf der Stelle.

Erbärmlich scheinen mir Leute, die ihrem Geiz den Mantel der Moral umwerfen. Sie geben Bettlern grundsätzlich nichts, weil diese sich ja von dem Geld Alkohol kaufen könnten. Was für Menschen sind das, die in ihrem selbstquälerischen Lebensfrust noch vormundschaftlich anderen die Laune verderben wollen! Diesen evangelischen Spaßbremsen hat erfreulicherweise unser guter Papst Franz der Erste jüngst widersprochen: Es stehe keinem zu, so sagte er, sich zum Richter über die Bedürftigen aufzuwerfen. Wenn einem Obdachlosen das Trinken Erleichterung verschaffe, dann solle man ihm gefälligst das Geld für eine Flasche Wein geben! Welch wahre Worte! Der Papst mag nicht unfehlbar sein, aber immerhin hat er die Bibel gelesen, wo in den Sprüchen des Alten Testaments der König Lemuel von seiner Mutter belehrt wird: »Gebt starkes Getränk denen, die am Umkommen sind, und Wein den betrübten Seelen, dass sie trinken und ihres Elends vergessen und ihres Unglücks nicht mehr gedenken.«

Und bin ich denn mehr als jene Ärmsten? Versuche ich nicht auch, mit diesen bescheidenen Zeilen ein paar Münzen von Hörern und Lesern zu ergattern, um mit dem Geld Bier zu erwerben, dessen Genuss mich meines Elends vergessen lässt? Gelobt seien all jene, die uns literarischen Bettlern eine milde Gabe nicht verweigern.

# Offensive
# Freundlichkeit

Es gibt in den Fernzügen der Deutschen Bahn mysteriöse Bereiche, gekennzeichnet mit Aufklebern, auf denen »Bahn Comfort« steht. »Bahn und Komfort? Was soll uns dieses Oxymoron bedeuten?«, fragen sich gewöhnliche Fahrgäste und suchen verwirrt das Weite. Nur Reisende, die schon viel erfahren haben, wissen um das Geheimnis dieser Plätze, die für unbekannte Gäste reserviert zu sein scheinen. Tatsächlich sind sie für Menschen vorgesehen, die jährlich derart viele Schienenkilometer wegschrubben, dass die Deutsche Bahn ihnen den Ehrentitel »Comfort-Kunde« verleiht. Ein entsprechendes Adelsdiplom wird ihnen in Form einer silbernen *BahnCard* übersandt. Ich gestehe, dass ich selbst Mitglied dieser Kaste bin und ihre Privilegien zu schätzen weiß. Die Mitglieder dieser vielgereisten Elite sind es, welche die Sonderplätze in Besitz nehmen sollen. Sie dürfen sogar andere Passagiere, die sich erkühnen, unbefugt im Comfort-Bereich zu sitzen, aufscheuchen und dann deren Plätze einnehmen. Dies kommt allerdings eher selten vor, denn solches Tun erfordert schon ein außergewöhnliches Maß an eigennütziger Härte.

Jüngst beobachtete ich aber doch einmal ein solches Geschehen. In einem recht gut gefüllten Zug suchte ein junger, schmächtiger Mann nach einem freien Sitz, dem Augenschein nach war er womöglich ein Flüchtling aus einem arabischen Land. Unbedarft setzte er sich auf einen freien Fensterplatz in besagtem Comfort-Bereich, der Sitz am Gang neben ihm blieb frei. Etwas später betrat an einem Bahnhof ein deutscher Herr den Zug, mit reichlich Gepäck in den Händen und auf den Rippen.

Der dicke Deutsche schritt zielstrebig zu dem jungen Fremdling und rief:»Das hier ist Bahn-Comfort-Bereich!«

Der junge Mann verstand ersichtlich nichts, verwirrt und eingeschüchtert starrte er den Deutschen an.

»Only for Bahn-Comfort-Passengers!«, dröhnte dieser weiter.

Er kramte seine silberne Karte hervor und hielt sie dem ratlosen Fremdling streng vor die Nase. Der verstand nun immerhin so langsam, dass er unerwünscht war. Womöglich hielt er den Deutschen ob seines autoritären Tons und seines Ausweises für einen Mann mit Befehlsgewalt. Jedenfalls räumte er das Gelände und machte sich auf die Suche nach einem anderen Platz. Der Deutsche ließ sich schnaufend nieder. Befriedigt besetzte er mit seinem Körper und Gepäck gleich beide Sitze. Hätte er sich nicht auch einfach neben den jungen Mann setzen können? So schoss es mir nun zu spät durch den Kopf. Aber offenbar war dem Deutschen diese Vorstellung als unerträgliche Zumutung erschienen. »So weit kommt's noch«, hatte er wohl gedacht, »dass uns die Ausländer die Sitzplätze wegnehmen!« Die Deutschen, sind sie etwa noch immer ein Volk, das glaubt, zu wenig Raum zu haben?

Leicht ist es nun, das Gehabe dieses Platzhirsches zu verdammen. Doch befrage sich ein jeder, ob ihm solches Verhalten ganz fremd ist! Wer von uns hat noch nie mehr Raum okkupiert, als er eigentlich brauchte? Beginnt Fremdenfeindlichkeit nicht schon, wenn wir im Zug unsere Tasche auf den freien Sitz neben uns legen, weil wir eigentlich doch lieber keinen Fremden als Nachbarn wollen? Wer hat noch nie so sein Revier markiert und eine Grenze innerhalb des Schengen-Raumes gezogen? Warum auch nicht! Ließe man den Platz neben sich frei, dann könnte sich ja dort jederzeit ein – Mensch hinsetzen! Buärks!

Dem wäre zu entgegnen: Man muss ja seinen Nächsten nicht gleich lieben, aber kann man ihn nicht wenigstens ein paar Stunden lang ertragen? Ich will damit die Menschen keineswegs gegen berechtigte Abneigung in Schutz nehmen. Viele Exemplare der

Gattung geben durchaus Anlass, auf Annäherung zu verzichten. Der Mensch kann widerwärtig sein, der Mensch im Zug sogar ganz besonders. Es ist zum Beispiel nicht üblich, im Theater, im Einwohnermeldeamt oder in der Kirche seine Schuhe auszuziehen und die eigenen Schweißfüße in Kopfhöhe seines Nachbarn zu deponieren. Im Zug lässt sich ein solches Verhalten merkwürdigerweise durchaus beobachten. Auch dürfte die Bahn der einzige Ort auf der Welt sein, an dem noch Leberwurstbrote gegessen werden, deren Duft sich in Zügen gewöhnlich mit dem Aroma überreifer Bananen zu einer erstickenden Atmosphäre verbindet. Wenn dann noch ein benachbarter Rentner an Brüllhusten leidet und der Geschäftsmann gegenüber stundenlang per Telefon seiner Assistentin Anweisungen zur Renditekalkulation übermittelt – dann ist es durchaus verständlich und nur gerecht, wenn manch einer sich die augenblickliche Auslöschung der Menschheit herbeiwünscht.

Doch ist dies meiner Ansicht nach der falsche Weg. Gerade heute, da sich weltweit Bösartigkeit, Häme und Gewalt immer unverschämter ausbreiten, ist anderes Handeln angebracht. Ich plädiere für ein Verhalten, das ich als offensive Freundlichkeit bezeichnen möchte. Lass den Platz im Zug neben dir frei! Versuche auch nicht, fremde Menschen durch eine geöffnete Schnapsflasche oder ein aufgeschlagenes Erotikmagazin zu vergrämen! Was aber im Zug gilt, das gelte überall. Wir sollten den Regeln des Anstands folgen, aller Gleichgültigkeit und allem Spott zum Trotz. Mehr noch, wir sollten vielleicht sogar öfter versuchen, Menschen mit Höflichkeit zu begegnen, die sich selbst unhöflich zeigen. Liefern wir ihnen keinen Vorwand, ihr eigenes Fehlverhalten durch das der anderen zu entschuldigen.

»Es gibt kein besseres Mittel, das Gute in den Menschen zu wecken, als sie so zu behandeln, als wären sie schon gut.« Dieser kluge Satz, der im Internet abwechselnd dem französischen Dichter François Rabelais und dem deutschen Rechtswissenschaftler Gustav Radbruch zugeschrieben wird, offenbar, weil beim ahnungslosen Kopieren von alphabetisch geordneten Zitaten irgendwann mal einer in der Zeile verrutscht ist – dieser kluge Satz, sage ich, sollte uns Maxime und Ansporn sein, die Welt zu einem freundlicheren Ort zu machen, für unsere Nächsten und für uns selbst.

# Bitte nicht
# berühren!

Ich saß nach langer Reise in einer S-Bahn auf dem Weg nach Hause. Es war schon spät. Der Zug schaukelte über die Schienen, ich hatte Mühe, mich nicht in den Schlaf wiegen zu lassen. Draußen herrschte Dunkelheit. So konnte ich nicht wie sonst das städtische Treiben beobachten, in der Scheibe spiegelte sich bloß mein eigenes Gesicht. Ich beäugte stattdessen, um mir die Zeit zu vertreiben, neugierig die Mitfahrenden. Zu lange darf man bei solchen Gelegenheiten allerdings nicht auf einen bestimmten Menschen glotzen, sonst wirkt man aufdringlich. Erwidert der Beobachtete den Blick, schaut man besser schnell weg und sucht sich eine neue Zielperson. Frauen fühlen sich sonst belästigt, Männer möglicherweise zum Faustkampf herausgefordert. Irgendwann hat man auf diese Weise in einem Bahnwaggon alle Leute der Umgebung betrachtet. Entweder beginnt man nun wieder von vorn oder die Erlösung nähert sich in Form eines Hundes. Hunde darf man so lange anschauen, wie man will. Die Allgemeinheit erwartet und schätzt ein solches Interesse sogar. Hunde sind meist liebenswerte, manchmal sogar hübsche Kreaturen. Besitzer freuen sich, wenn Fremde ihnen Komplimente ob ihrer niedlichen und wohlerzogenen Tiere machen. Früher erfüllten Kinder in Zügen dieselbe Funktion. Aber heutzutage sollten Männer es lieber unterlassen, fremde Kinder in der Öffentlichkeit freundlich anzulächeln. Womöglich ergeht es ihnen sonst wie dem fünfzigjährigen Vater aus Freising, der von Wildfremden als Kinderschänder beschimpft und verprügelt wurde, weil er mit seiner zehnjährigen Tochter spazieren gegangen war.

So schaute ich in meiner S-Bahn auch lieber auf einen großen, schönen, gepflegten Hund, den eine große, schöne, gepflegte Frau an der Leine führte. Der Hund fühlte sich im Zug nicht so richtig wohl. Das Schaukeln und Quietschen war ihm unheimlich. Aber er kläffte nicht und rannte nicht umher, sondern lag brav auf dem Boden zu Füßen seiner Herrin. Er schaute ängstlich zu ihr hinauf, gelegentlich jaulte er verhalten, sonst zeigte er sein Unbehagen nicht. Nach einigen Stationen stand die Frau auf, um auszusteigen, und auch ihr Hund erhob sich. Er trottete neugierig hinüber zu einem Paar, das nebenan saß. Der Mann und die Frau trugen unansehnliche, bunte Funktionskleidung. Sie kamen offenbar gerade von einer Reise zurück und schleppten ihr Gepäck in alten Sporttaschen und Einkaufstüten mit sich. Sichtlich gehörten sie nicht zur Oberschicht. Den Hund kümmerte das aber gar nicht, er legte seinen Kopf zutraulich in den Schoß der sitzenden Frau.

»Darf ich ihn mal streicheln?«, fragte die Frau freundlich.

»Nein, bitte nicht!«, erwiderte die Besitzerin des Hundes.

In ihrer Stimme mischten sich Wut, Ungeduld und Ekel. Sie zerrte ihren Hund an der Leine zu sich heran und stieg eilig aus, als sich die Türen öffneten. Der Mann und die Frau schauten einander erschrocken an, dann ließen sie ihre Köpfe hängen, schweigend und betrübt. Sie saßen da wie geprügelte Hunde. Ich hätte sie am liebsten zum Trost gestreichelt.

Womöglich war ich noch bedrückter als die beiden Angeschnauzten. Manchmal werfen mich die unscheinbarsten Ereignisse ganz aus der Bahn. Noch während ich später nach Hause lief, ärgerte ich mich maßlos über die unfreundliche Hundehalterin, konnte mir aber nicht sogleich erklären, woher mein Ärger eigentlich rührte. Die Frau hatte ja zweifellos das Recht, sich Streicheleinheiten für ihren Hund zu verbitten. Er gehörte ja ihr. Unerbetene Zärtlichkeiten können unangenehm sein, keine Frage. Wer erinnert sich nicht daran, wie unschön es gewesen ist, als kleines Kind von Wildfremden auf der Straße getätschelt, gekniffen und gewuschelt zu werden? Und auch viele erwachsene Frauen haben gewiss unangenehme Erfahrungen mit dem Gefummel von Fremden gemacht, weshalb es ihnen mit Grund besonders widerlich ist. Nun war es ja aber gerade nicht so gewesen, als wäre da eben in der S-Bahn ein übelriechender Lustmolch gekommen, der gefragt hätte: »Schöne Frau, dürfte ich mal bitte mit meinen schwieligen Händen ihr prächtiges Gesäß massieren?« Nein, eine nette Frau hatte einen Hund streicheln wollen. Darf in einem solchen Fall nicht der Hund für sich allein entscheiden, ob er sich liebkosen lassen will? Und der hätte erkennbar nichts dagegen gehabt. Das Selbstbestimmungsrecht des Tieres wurde also sträflich missachtet.

Noch übler aber war die Art, wie die Hundehalterin ihr Verbot aussprach. Sie antwortete nicht dem Paar allein, sondern schnauzte stellvertretend gleich all die armen Leute mit an, die ihr jemals auf die Nerven gefallen waren. »Leute wie du dürfen meinen Hund nicht anfassen!«, so hatte ihr Blick unmissverständlich gesagt. »Eine proletarische Promenadenmischung ist nämlich nicht würdig, meinen stolzen Rassehund zu berühren!« Nichts als Hochmut hatte diese Frau mit ihrem Verhalten gezeigt. Ja, ohne es zu merken, hatte sie sich viehischer benommen als ihr eigener Hund. Sie hätte es wahrlich verdient, einen Maulkorb verpasst zu bekommen. Ich wünschte, ich sähe dieses Frauchen irgendwann noch einmal! Das gäbe mir die Gelegenheit, ihr einmal tüchtig ans Bein zu pinkeln.

# Aus fremdem Munde

Schon zehn Minuten stand der Zug auf freier Strecke. Bedrohlich piepte der Lautsprecher über unseren Köpfen. Eine schlechte Nachricht kündigte sich an.

»Sehr geehrte Fahrgäste! Aufgrund eines Unfalls an einem Bahnübergang ist die Strecke zwischen Dresden und Berlin zurzeit gesperrt. Wir müssen eine Umleitung über Leipzig fahren. Die Verspätung in der Ankunft beträgt voraussichtlich zwei bis zweieinhalb Stunden. Ich bitte um Ihr Verständnis und werde Sie weiter informieren.«

Das amerikanische Ehepaar, mit dem ich im Abteil saß, plauderte unbeeindruckt weiter. Ich fühlte mich verpflichtet, ihnen durch Übersetzung der fröhlichen Botschaft die Laune zu verderben. Aber siehe da: Statt sich nach deutscher Sitte über die Scheißbahn aufzuregen und selbst zu bemitleiden, blieben die beiden unverdrossen und lobten höflich mein Englisch. Diese Amis sind ja immer nur so oberflächlich freundlich! So klagt der deutsche Michel gewöhnlich. Aber ist das nicht immer noch besser als die oberflächliche Unfreundlichkeit so vieler Deutscher? Schnell kamen wir ins Gespräch.

»Ich weiß noch, als wir mal in Marokko waren«, erzählte der Mann. »Wir waren mit einer Fähre aus Spanien übergesetzt. Als wir zurückfahren wollten, erklärte man am Hafen, wegen des schlechten Wetters könnten wohl einige Tage lang gar keine Schiffe auslaufen. Da war ein Geheul unter den Touristen! Keiner wusste eine Unterkunft, niemand hatte genügend Kleider oder auch nur Geld dabei. Was sind dagegen schon zwei Stunden Verspätung mit dem Zug! Wenn man reist, dann passieren eben solche Sachen.«

»Wir kommen aus Chicago«, erzählte die Frau. »Wir kommen immer einmal im Jahr nach Europa, in diesem Jahr sind wir durch Deutschland gereist. Erzähl doch mal, wie wir nach Rothenburg gekommen sind!«

Ihr Mann fuhr lächelnd fort: »Wir waren gerade in Berlin gelandet und wollten gleich mit dem Zug weiter nach Rothenburg. Aber schon als wir dort am Bahnhof ankamen, merkten wir: Hier stimmt was nicht. Das ist doch nicht das Rothenburg aus unserem Reiseführer! Ein Taxifahrer hat uns dann erklärt, wir seien in Rotenburg an der Fulda statt in Rothenburg ob der Tauber. Wir fragten, ob er uns dahin fahren könne. Er sagte, für 250 Euro würde er es machen. Wir haben dann doch lieber den Zug genommen.«

»Ja, es gibt eine Menge Rothenburge in Deutschland«, sagte ich. »Seien Sie froh, es hätte schlimmer kommen können: Sie hätten in Rothenburg an der Neiße landen können!«

Die beiden holten Proviant aus ihren Rucksäcken. Der Mann hatte sich im Bahnhof ein belegtes Brötchen gekauft. Nach dem ersten Biss klappte er es auf und betrachtete mit angewidertem Gesicht die weißliche Masse, die man auf den Innenseiten verschmiert hatte.

»Was ist denn das?«, fragte er mich.

»Wir nennen es Remoulade«, antwortete ich. »Das ist so eine Art Mayonnaise mit Senf.«

Er blickte wieder auf sein Brötchen und schien es für einen Augenblick zu bedauern, dass man im Zweiten Weltkrieg auf den Einsatz von Atomwaffen gegen Deutschland verzichtet hatte. Dann klaubte er die Schinkenstreifen vom Brötchen und schob sie sich in den Mund.

Die Frau erzählte derweil, dass sie die letzten Tage in Dresden verbracht hatten.

»Was haben Sie denn alles gesehen?«, fragte ich.

Der Mann warf das abgegraste Brötchen in den Müll, wischte sich die Finger ab und holte einen amerikanischen Reiseführer über Deutschland aus dem Rucksack. Er blätterte das Kapitel zu Dresden durch und zählte die obligatorischen Sehenswürdigkeiten auf: »The Swinger, Broolshe Terrasse, Frownkirshe …«

»Gewohnt haben wir in dem Viertel Neustadt«, ergänzte die Frau. »Es war wirklich sehr schön, aber wir hatten etwas Angst wegen der Graffiti. Gibt es da viel Verbrechen?«

»Graffiti sind bei uns kein Kennzeichen von Ghettos, sondern Kunst im öffentlichen Raum. Ich denke, Sie hätten deswegen keine Angst haben müssen, auf der Straße erschossen zu werden.«

»Bei uns in Chicago ist das leider anders. Im letzten Jahr wurden in der Stadt 500 Menschen erschossen – mehr als Soldaten in Afghanistan fielen.«

»Wir hatten in Dresden einmal einen Gast aus Chicago, einen jungen Poeten«, erzählte ich. »Als wir uns nachts von zwei Frauen verabschiedeten, war der völlig geschockt. Er konnte nicht glauben, dass wir die beiden alleine nach Hause gehen ließen. Er war fest davon überzeugt, das müsse lebensgefährlich sein.«

»Ja, so ist das bei uns«, seufzte die Amerikanerin.

Die beiden fragten mich, was ich denn so mache. Auf meine Antwort gestanden sie, von der deutschen Literatur leider gar keine Ahnung zu haben.

»Was gibt es denn überhaupt so für deutsche Schriftsteller?«, fragte die Frau.

»Na ja, zum Beispiel Goethe?«, schlug ich vor.

Der Name machte auf die beiden Amerikaner sichtlich keinen Eindruck. Wie seltsam ist das doch, Leuten zu begegnen, die von jener Sache, der man sein Leben verschrieben hat, gar nichts wissen. Das rückt so einiges im Hirn zurecht. Es ist ja wirklich so: Der größte Teil der Menschheit hat noch nie einen Vers von Goethe gelesen! Die Welt wäre gewiss ein besserer Ort, verhielte es sich anders. Aber so geht's eben auch. Und die Leute leben ganz munter und ohne das Gefühl, ihnen fehle etwas. Ich selbst habe ja auch noch nie einen Vers des größten Dichters von Nepal gelesen – ja, ich kenne nicht einmal den Namen dieses Mannes. Dabei hätte seine Poesie vielleicht mein Leben verändert.

»Jetzt ist mir doch noch einer eingefallen«, platzte es aus der Amerikanerin heraus. »Ein deutscher Schriftsteller, meine ich. Karl Marx! Den habe ich während des Studiums sogar mal gelesen!«

»Ja, aber der fällt vielleicht doch nicht unmittelbar in den Bereich der Poesie«, gab ich zu bedenken. »Auch wenn er in seiner Jugend Gedichte geschrieben hat.«

Einmal mehr blieb der Zug plötzlich mitten im Grünen stehen. »Was sind das eigentlich für schöne gelbe Blumen auf den Feldern?«, fragte der Mann. »Die haben wir schon überall in Deutschland gesehen.«

»Gibt es die in Amerika nicht?«, fragte ich erstaunt zurück. »Wir nennen es Raps. Man macht Biosprit daraus und mischt es ins Benzin.«

»Ah! Wirklich, Sie können stolz auf Ihr Land sein. Sie sind viel weiter in der Ökologie als wir in Amerika. Auch der öffentliche Nahverkehr bei Ihnen ist perfekt, sauber und pünktlich, da können wir Amerikaner nur lernen. Und jeder hat eine Krankenversicherung bei Ihnen und es gibt keine Studiengebühren. Sie sind bestimmt auch stolz auf Angela Merkel? Sie hat ja Deutschland an die Spitze Europas geführt, nicht?«

Man kann sich wirklich eines verführerischen Gefühls von Stolz nicht erwehren, wenn dem eigenen Land von Gästen so geschmeichelt wird.

»Ja, es ist natürlich alles etwas komplizierter«, widersprach ich nur halbherzig und verkniff mir Ausführungen zum Außenhandelsüberschuss und zur Reallohnentwicklung. »Und Angela Merkel ...« Ich zögerte einen Moment und dachte an all die Männer, die über die Jahre versucht hatten, sie zu stürzen. »Na ja, Angela Merkel ist eigentlich schon ganz in Ordnung.«

Ich erwischte mich dabei, wie ich bei dieser Antwort nicht einmal sehr schwindeln musste.

# Die Stimme
# des Herzens

Es gab Zeiten, da lasen junge Menschen Texte noch auf Papier und nicht allein auf Bildschirmen. In jener vergangenen Epoche machte einmal in der Woche die Zeitschrift *Bravo* auf den Schulhöfen der Republik die Runde. Die Seiten, die stets zuerst aufgeschlagen wurden, hießen: *Liebe, Sex und Zärtlichkeit.* Ein gewisser Dr. Sommer beantwortete alle Fragen der jungen Menschen zu den Nöten und Qualen des Geschlechtlichen. Ich habe schon länger keinen Blick mehr in die *Bravo* geworfen, vermute aber, dass es diese Seiten noch immer gibt. Die Teenager von heute werden aber wohl nicht mehr fragen, ob man vom Küssen schwanger werden kann, sondern, welches Geschlechterverhältnis für einen Gang Bang optimal ist.

Seltsamerweise scheinen es heutzutage eher die Erwachsenen zu sein, die von offenen Fragen zur Erotik umgetrieben werden. Vielleicht weigern sich die Erwachsenen auch einfach, erwachsen zu werden. So erkläre ich mir jedenfalls, wieso seit einer Weile eine neue Rubrik die Zeitungen und Zeitschriften der Republik erobert: der Liebesratgeber. Ein Leser oder eine Leserin stellt da eine Herzensfrage, ein Experte nimmt sich der Sorgen an. Auf dem beigegebenen Foto schaut der Dr. Sommer für Erwachsene immer sehr mild und Vertrauen erweckend. Wodurch er sich sonst eigentlich qualifiziert, bleibt im Unklaren: Ist er ausgebildeter Paartherapeut? Lebt er in einer besonders harmonischen Ehe? Hat er ein halbes Dutzend Kinder gezeugt? Man weiß es nicht. Es ist eigentlich immer die gleiche Frage, die da gestellt wird, von Männern wie von

Frauen: »Mein Partner ist ganz okay, mir ist aber doch ein bisschen langweilig. Ich habe nun eine aufregende Bekanntschaft gemacht. Darf ich mich losreißen und in eine neue Liebe stürzen?«

Wie merkwürdig ist das: Erwachsene Menschen haben das Bedürfnis, bei einem Wildfremden um die Erlaubnis zu bitten, ihren Alten oder ihre Olle vom Acker jagen zu dürfen. Dabei weiß doch eigentlich jeder: Man darf's! Der Ehebruch ist schon seit einer Weile nicht mehr strafbar, die Scheidung möglich. Warum fragen die Leute trotzdem? Offenbar haben sie ein schlechtes Gewissen. Sie sehnen sich nach einer Autoritätsperson, die ihnen einen amtlich beglaubigten Zulassungsschein für ihre Triebe abstempelt. Der verständnisvolle Dr. Sommer ist da freilich der falsche Adressat. Bei seinen Antworten lässt er sich stets von einer Maxime leiten: »Ich darf den Trotteln da draußen keine konkreten Ratschläge geben, denn ich könnte mich irren. Die Leser würden mich für ihr Unglück verantwortlich machen und futsch wäre mein Ruf als unfehlbarer Weltweiser in Liebesdingen.« Also benutzt Dr. Sommer eine Technik, die er im Psychologiekurs an der Volkshochschule gelernt hat: Er wiederholt bloß das Problem des Lesers mit anderen Worten. Damit der Spiegeltrick nicht so auffällt, knetet er noch ein paar Lebensweisheiten und Zitate mit in seine Antwort. Und zum Schluss heißt es immer: »Ich kann dir auch nicht sagen, was du tun musst. Hör einfach darauf, was dein Herz dir sagt!« Seltsamerweise fühlen sich die so beschiedenen Ratsuchenden nicht verarscht, sondern verstanden. Und sie machen beruhigt und bestärkt das, was sie sowieso getan hätten.

Möglicherweise sehe ich die Sache etwas zu streng. Eigentlich bin ich wohl nur neidisch auf Dr. Sommer, denn ich wäre selbst gerne so ein Liebesratgeber. Fiele mir diese Aufgabe zu, dann käme ungefähr Folgendes heraus:

Stefanie, 32, Ernährungsberaterin, fragt: »Seit sieben Jahren bin ich eigentlich sehr glücklich mit meinem Mann Steffen verheiratet. Er ist 43 Jahre alt, arbeitet als Heizungsinstallateur, wir haben zwei Kinder. Letztens habe ich aber an der Frischfleischtheke im Biomarkt einen anderen Mann kennengelernt. Er heißt Steven, ist 34 Jahre alt und ein Installationskünstler. Wir hatten fantastischen Sex in seiner Gartenlaube, einen ganzen Sonntag lang, während mein Mann mit den Kindern im *Heidepark Soltau* war. Ich habe meinem Mann diesen Ausrutscher auch gleich gebeichtet, er war etwas enttäuscht, aber hatte auch total Verständnis dafür, dass ich Anspruch auf sexuelle Freiheit habe. Nun bin ich hin- und hergerissen: Mir fehlt der Mut, der Stimme meines Herzens zu folgen, aber ich habe doch ein Recht auf mein Glück, oder? Was soll ich nur tun?«

Liebe Stefanie! Du bist offenbar infiziert von dem allgemeinen Glückswahn, der unsere Gesellschaft befallen hat. Es gibt aber kein Recht auf Glück! Wenn du anderer Meinung bist, dann versuche mal, dein Recht beim Bundesverfassungsgericht einzuklagen. Wie kommst du darauf, das Universum habe nichts Besseres zu tun, als sich um dein Wohlbefinden zu kümmern? Immanuel Kant schrieb: »Wir sind nicht auf der Welt, um glücklich zu werden, sondern um unsere Pflicht zu erfüllen.« Lass dir das mal durch den Kopf gehen!

Du hast also Furcht davor, vielleicht etwas zu verpassen, und möchtest wie der Schmetterling von einer Blüte zur nächsten eilen. Wenn dir der Sinn danach steht, dann tu es! Du eilst aber wahrscheinlich bloß von einer Enttäuschung zur nächsten. Du wirst dem Glück durch die Betten nachjagen, ohne es zu finden. Weißt du, warum? Das Glück nimmt immer Reißaus, sobald es dich sieht! Du selber bringst nämlich immer die Langeweile mit, vor der du fliehen willst. Liebe Stefanie, bedenke: Zum wahren Glück gehört das, was Goethe die Entsagung nennt, nämlich die Einsicht: Zufriedenheit erwächst auch aus dem Verzicht. Hör also bitte nicht auf dein Herz, denn das ist nur ein dummer Hohlmuskel. Sondern befrage zur Abwechslung auch mal dein Hirn.

Ich befürchte, mein Liebesratgeber würde nach der ersten Ausgabe eingestellt.

# Die Schwäche
# des Mannes

Keine Frage, die Geschlechter haben sich in den vergangenen Jahr-
zehnten in der westlichen Welt einander angenähert. Frauen dürfen
inzwischen auch ohne die Erlaubnis ihres Mannes arbeiten und das
verdiente Geld sogar für sich behalten. Männer wiederum schämen
sich nicht mehr, Zeit mit ihren Kindern in der Krabbelgruppe zu
verbringen. Frauen entdecken ihre männlichen Seiten, Männer verstecken ihre weiblichen nicht mehr. Und manch ein menschliches
Geschöpf weigert sich gleich ganz, in das Gefängnis eines bestimmten Geschlechts eingesperrt zu werden. Das ist alles gut und schön.
Jeder und jede und jedes mag auch im Geschlechtlichen nach seiner
oder ihrer Fasson selig werden.

Und doch bleiben Geheimnisse im Verhältnis der Geschlechter, mysteriöse Gegensätze, die ewig zu sein scheinen und die womöglich nie ein menschlicher Geist restlos enträtseln wird. Fern sei
von mir das öde Witzeln über Frauen, die bei Vollmond nicht richtig einparken können, oder Männer, die schwul werden, weil sie zu
oft im Sitzen gepinkelt haben. Über solch wohlfeilen Geschlechter-
humor mögen sich die Fans der sogenannten Comedy amüsieren.
Ich spreche von tiefen, metaphysischen Fragen, die an die Wurzeln
unseres Daseins rühren. Eine solche Frage, vielleicht sogar die be-
deutendste, lautet: Wieso, weshalb und warum gelingt es Frauen,
beim Zähneputzen nicht aus dem Mund zu sabbern, während
Männer dabei stets unbändig speicheln müssen? Ich räume ein:
Mir liegt keine empirische Studie vor, die repräsentative statistische

Daten zu diesem Phänomen bereitstellt. Aber ich erlaube mir, in dieser Frage von persönlichen Erfahrungen auf allgemeine Verhältnisse zu schließen.

In meiner Wohnung lebt eine mir persönlich bekannte Frau, die jeden Abend während des Zähneputzens frohgemut durch die Wohnung läuft, ja nebenbei sogar noch mit Hilfe der freien Hand Kleider zusammenlegt oder die Blumen gießt – ohne dabei auch nur einen Tropfen aus ihrem Mund entfleuchen zu lassen. Mir hingegen läuft bei der Reinigung der Zähne unweigerlich ein Gemisch aus Zahnpasta und lauwarmem Speichel aus dem Mundwinkel. Es ist nicht angenehm und es sieht nicht schön aus, aber ich kann nichts dagegen tun. Mir bleibt einzig, den Kopf demütig wie ein Sünder über das Waschbecken zu beugen, um die Wohnung nicht allzu sehr zu verunreinigen. Die Frau flieht, wenn sie mich so sieht, immer schreiend aus dem Badezimmer, statt mir, wie billig, tröstend und helfend zur Seite zu stehen.

Seit ich eine elektrische Zahnbürste zum Zwecke der Mundhygiene angeschafft habe, hat sich die Situation sogar noch verschärft. Das Ektoplasma läuft nun in gerader Linie aus meinem Mundwinkel über den Griff des Gerätes, über den Handrücken, dann den Unterarm hinab bis zum Ellenbogen, von wo aus es auf den Boden des Badezimmers tropft. Ein weißgrünlicher Fleck auf den Fliesen zeugt von diesem physikalischen Wunder. Regelmäßig muss ich nach der Tagesendreinigung meines Körpers auch noch den Boden scheuern, um die Spuren meines Tuns zu verwischen. Täte ich dies nicht, würde sich im Laufe weniger Monate ein Stalagmit in unserem Badezimmer erheben. Ich habe schon verschiedenste Techniken der Hand- und Mundbeherrschung ausprobiert, um mein Missgeschick zu beenden – allein stets vergebens. Am unangenehmsten ist es, wenn ich morgens im Tran der Frühe mein Missgeschick nicht bemerke und Spuren davon an der Hand mit in die Öffentlichkeit trage, wo mich dann eine Großmutter in der Straßenbahn belehrt: »Das ist ja schön, junger Mann, dass bei Ihnen der Saft noch so kräftig sprudelt, aber können Sie sich nach der Handarbeit nicht mal ordentlich die Pfoten waschen?« Es wirkt nicht gerade souverän, wenn ich in solchen Momenten in panischem Schuldbewusstsein eilig meine Hand sauber lecke.

Hat der liebe Gott die Schädel von Männlein und Weiblein vielleicht in einem unscheinbaren, aber entscheidenden Detail des Kieferknochens unterschiedlich konstruiert? Das hieße freilich, er hätte bei der Schöpfung schon ans Zähneputzen gedacht, was aber nicht unmöglich ist, umfasst doch die Allwissenheit Gottes nach allgemeiner theologischer Auffassung auch die Zukunft. Aber welchen Zweck verfolgte er damit? Wollte er vielleicht den Hochmut der Männer zügeln, indem er ihnen eine unüberwindliche körperliche Schwäche als ewiges Erbe mitgab? Der Zahnputzausfluss quasi als männliche Periode? »Sehet ihr Männer, die ihr da das große Wort führet und glaubt, ihr wäret der Schöpfung Krone – nicht einmal die Zähne putzen könnt ihr euch, ohne zu sabbern wie tollwütige Straßenköter!«

Eine andere Erklärung des Phänomens scheint mir dagegen recht unwahrscheinlich: Es könnte auch sein, dass ich mich einfach gar zu blöd anstelle und andere Männer mit mir. Vielleicht sollten wir in diesem Fall einfach einmal bei den Frauen in die Lehre gehen.

# Ein Paar
# in Ketten

Ich stand, wie man das so macht, besonders am Anfang von Geschichten, an der Supermarktkasse. Vor mir in der Reihe wartete ein junges Paar, im Wagen die Einkäufe für eine Woche. Die beiden packten ihre Waren hastig aufs Laufband, ihre Gesichter zeigten dabei Leidensmienen, als wären sie Strafgefangene beim Steineklopfen.

»Warum hast du denn diese dämlichen Bio-Zwiebeln gekauft?«, giftete plötzlich die junge Frau. »Es gibt doch die großen Säcke mit den billigen!«

»Aber das ist doch egal! Woher soll ich denn das ...«, stotterte der verdutzte Partner, dann rüstete er sich zum Gegenschlag.

Er riss ein kleines Netz mit drei grünen Limetten aus dem Wagen und schleuderte es wütend ins nächste Regal.

»Du kaufst doch auch so einen blöden Scheiß hier, den kein Mensch braucht!«

Die beiden verstummten, wohl selbst etwas erschrocken über den lauten Ausbruch von Feindseligkeit. Die anderen Kunden schwiegen ebenfalls betreten. Sogar der sonst immer gesprächige, tätowierte Kassierer war ausnahmsweise ruhig. So war eine ganze Weile nichts mehr zu hören als das Piepen der Kasse und das Knistern von Verpackungen.

Es gibt Paare, die nicht gerade Werbung für die Liebe machen. Ein hartnäckig Alleinstehender hätte sich angesichts dieser Szene wohl in seiner Weltanschauung bestätigt gefühlt. Wie schlimm muss es um diese Beziehung stehen, wenn sie schon dadurch gefährdet wird, dass ein Sack Zwiebeln umfällt? Wieso quälen diese beiden Menschen sich miteinander ab, wenn sie sich nur noch auf die Nerven gehen? Laufen nicht überhaupt viele Paare aneinander gefesselt durchs Leben wie die beiden entflohenen Häftlinge in dem Film *Flucht in Ketten*? Voneinander frustriert und doch aufeinander angewiesen? Der eingefleischte Single beglückwünscht sich nach solchen Gedanken selbst zu seiner Unabhängigkeit. Braucht er einen Partner, dann bestellt er sich einen im Internet, den er am nächsten Morgen wieder kostenlos zurückschicken kann.

Es sind in der Tat die Qualen des Alltags, die jede Liebe auszubleichen drohen wie Hosen, die man oft wäscht. Der weise Ratgeber spricht daher: Liebende, teilet nicht mehr Routine miteinander als unbedingt nötig! Eine sehr gute Maßregel ist schon die folgende: Partner sollten nie gemeinsam einkaufen gehen. Denn jeder Mensch ist ein anderer Einkaufstyp und Partner in dieser Hinsicht mit großer Wahrscheinlichkeit gegensätzlich.

Da gibt es nämlich einerseits den Genusskäufer, andererseits den Hasskäufer. Der Genusskäufer schlendert gern, er ist ein Supermarktflaneur. Er möchte geruhsam alle Regale in Augenschein nehmen, die Inhaltsstoffe des Vanillepuddings studieren und mal nach einer neuen Sorte Weichkäse Ausschau halten. Drei Mal umrundet er das Gemüseregal, bis er sich entschieden hat, welche Pflanzen er diesmal mitnehmen möchte. Er liest sogar die Zettel mit den Zubereitungsanweisungen, die an besonders exotischen Früchten befestigt sind. Denn der Genusskäufer überlegt sich erst während des Einkaufs, was er in nächster Zeit so alles kochen möchte. Auch einem kleinen Plausch mit anderen Kunden aus der Nachbarschaft ist er nicht abgeneigt. Am Zeitungsregal macht er sich seelenruhig mit der Weltlage vertraut.

Der Hasskäufer hingegen hat es eilig. Im Erwerb von Lebensmitteln sieht er nicht mehr als eine unvermeidliche, zeitraubende Last. Die anderen Kunden sind nur Hindernisse, die es zu umrunden und zu überholen gilt. Notfalls fährt er ihnen mit dem Einkaufswagen in die Hacken. Der Hasskäufer will den Wagen mit jenen Grundnahrungsmitteln füllen, die er sich vorher auf einen Zettel geschrieben hat, dann aber den Markt schnellstmöglich wieder verlassen. An der Kasse meckert er, sobald sich in der Schlange mehr Leute als nur er selbst befinden. Der Hasskäufer ist meistens zugleich auch noch mit der Eigenschaft des Geizes behaftet. Er will nur das Nötige, aber keinen Firlefanz – eine Kategorie, in die alle Waren fallen, die nicht zur unmittelbaren Lebenserhaltung notwendig sind. Seine Kaufentscheidung orientiert sich natürlich auch nicht an Erwägungen geschmacklicher Art, sondern an der Farbe des Preisschildes: Wo Sonderangebote Ersparnisse versprechen, da greift er zu.

Ganz anders ist der Genusskäufer veranlagt, der mit Vorliebe in der Verschwendung schwelgt. Er neigt zum Experiment und legt auch einmal spontan den Wildlachs im Teigmantel mit Bärlauchsauce für fünfzehn Euro in den Wagen – einfach, um mal was Neues auszuprobieren. Denn nichts ist ihm so zuwider wie die Gewöhnung an das Gewöhnliche. Wenn nun so gegensätzliche Typen wie der Genusskäufer und der Hasskäufer zusammen als Paar auf Einkaufsmission ausrücken, dann ist der Konflikt unausweichlich, spätestens an der Kasse.

Das zerstrittene Paar an meiner Kasse beendete nach einer Weile das Schweigen. Den beiden war wohl eingefallen, dass sie ja zurück in dieselbe Wohnung mussten, um dort den Rest ihres Lebens zusammen zu verbringen. Und so kam der Geist des Friedens über sie.

»Tut mir leid!«, wagte sich der Mann zuerst aus der Deckung. »Ich wollte nicht so schreien, ich war nur etwas sauer.«

Als Zeichen der Wiederannäherung legte er die sauren Früchte seiner Frau zurück in den Wagen.

»Schon gut, ich auch«, erwiderte die Partnerin und streichelte begütigend die Zwiebeln aus biologischem Anbau. Darauf besiegelten die beiden ihren Friedensschluss: Sie gaben einander ein Küsschen mit vorgewölbten Lippen, wie es nur sogenannte Pärchen fertigbringen – ein Kuss aus sicherer Entfernung für Leute, die einander eigentlich gerade nicht küssen wollen, aber doch bestätigen möchten, dass sie immer noch zusammengehören. Zu Hause feierten die beiden aber ganz gewiss später noch zünftig ihre Versöhnung – mit einem Festmahl in Form einer leckeren Zwiebel-Limetten-Suppe.

# Gib mir
# Tiernamen!

Auch Liebe macht Arbeit. Wenigstens dann, wenn man sich nicht mit flüchtigen Abenteuern begnügt, sondern ins Stahlbad der Partnerschaft eintaucht. Zwei Menschen bilden einen heiligen Bund fürs Leben und trennen sich vom Rest der Welt. Wie Mönche und Nonnen, die ins Kloster eintreten, müssen sie ihre irdischen Namen ablegen und neue annehmen. Für die Kommunikation zwischen Liebenden erweisen sich die gewöhnlichen Namen nämlich als unpraktisch. »Fräulein Müller, ich liebe Sie! – Vernasch mich, Karl-Heinz!« – Nein, das geht nicht. Liebende können einander in der Partnerschaft nicht mit jenen Allerweltsnamen anreden, die Fremde auch gebrauchen dürfen. Die Sprache stellt deswegen eigens sogenannte Kosenamen zur Verfügung. Bei der Auswahl ist allerdings größte Vorsicht geboten, denn man verrät oft unfreiwillig mehr über sich, als man preisgeben möchte.

Erstaunlicherweise sind es Tiernamen, die sich bei den Deutschen größter Beliebtheit erfreuen, wenn es um die Taufe des Partners geht. Offenbar weckt die Liebe selbst bei zivilisierten Menschen animalische Instinkte. Aber weiß einer, der seine Frau »Täubchen« nennt, eigentlich, dass er sie damit zur Rättin der Lüfte erklärt? Soll sie in die Fußgängerzone ziehen und sich fernerhin von Krümeln aus den Händen der Touristen nähren? Will der Mann das Veterinäramt auf subtile Weise auffordern, seiner Guten ein bisschen Gift ins Futter zu mischen? Ähnlich leichtsinnig verhalten sich Männer, die zum Wort »Mausi« greifen. Sie dürfen sich nicht wundern, wenn ihre Angetraute regelmäßig nachts in die Küche schleicht und an den Essensvorräten nagt. Sinnvoller scheint es, die Holde als »Häschen« zu bezeichnen. In diesem Kosenamen ist deutlich der Wunsch nach Fruchtbarkeit und reichem Kindersegen ausgedrückt. Allerdings wird es die Herzensfrau dabei vielleicht mit der Treue nicht allzu genau nehmen und in freier Wildbahn noch so manchem anderen Rammler ihre Gunst gewähren.

Die Frauen rächen sich an ihren Männern für scheußliche Kosenamen oft durch eigene, nicht minder fragwürdige Kreationen. Eine Frau, die ihren Kerl als »Äffchen« bezeichnet, hegt offenbar nicht die höchste Meinung von der Intelligenz ihres Mannes, glaubt aber doch, ihn ganz gut dressiert zu haben. Frauen, die sich mit einem »Bärchen« verheiratet haben, krallen sich gewiss gern an üppig sprießendem Rückenhaar fest. Wer einen »Tiger« in sein Bett lässt, sollte sich nachher nicht über Kratzspuren beschweren. Es ist generell eine gefährliche Sache, den Partner zum Vieh zu erklären, selbst wenn der Mann wirklich ein Hornochse und die Frau eine Drecksau sein sollte. Ein Mensch, dem man Tiernamen gibt, fühlt sich mit großer Wahrscheinlichkeit ermutigt, wirklich zur Bestie zu werden.

Es gibt anständigere Möglichkeiten. Besonders in christlichen Haushalten ist es üblich, den Lebensgefährten zum »Engel« zu verklären. Der Name passt für Männer wie für Frauen, denn bekanntlich sind Engel ja geschlechtslos. Allerdings darf es einen dann auch nicht überraschen, wenn das Liebesleben ein wenig an Fahrt verliert. Es soll Leute geben, durchaus nicht nur Satanisten, die den entgegengesetzten Weg gehen. Doch ein Mann, der sich eine »Hexe« ins Haus holt, verlangt dann wahrscheinlich, dass sie den ganzen Tag den Besen schwingt. Und eine Frau, die ihren Kerl »Teufelchen« nennt, will ihm vielleicht nur Hörner aufsetzen.

Am Ende entscheiden sich leider die allermeisten deutschen Paare für die fantasieloseste Variante: »Schatz«. Aber wer seinen Partner »Schatz« nennt, der will ihn offenkundig am liebsten an einem geheimen Ort für immer vergraben. Freilich gelingt es den Deutschen auch nie, stattdessen originelle Kosenamen zu erfinden.

Unweigerlich geraten sie dabei immer ins muffige Reich der Flatulenz. Wer die Worte »Furzelbärchen« und »Hasipups« verwendet, gibt klar zu verstehen, dass er auf eine saubere Atmosphäre im Eheleben keinen Wert legt.

Ich glaube, die meisten Ehepaare schaffen sich irgendwann Kinder nur deswegen an, weil ihnen das die Entschuldigung dafür gibt, auf Kosenamen ganz zu verzichten und einander »Mutti« und »Vati« zu rufen – ganz so, wie's auch die eigenen Eltern früher taten. Hier bleibt freilich ein gewisser inzestuöser Beigeschmack, die Eheleute könnten auch gleich die Namen »Ödipus« und »Iokaste« annehmen.

Wie leicht haben es doch jene Wildfänge und Nachtfalter, die ihre Nächte immer aufs Neue mit Wildfremden verbringen. Sie verabschieden sich voneinander am Morgen danach ohne alle Formalitäten. Sie müssen sich weder Namen merken noch ausdenken, denn sie werden nie nach welchen gefragt.

# Emmanuelle
# im Kinderzimmer

Es gibt keine Geheimnisse mehr! Der Schleier, mit dem sich die Venus früher verführerisch bedeckte, ist weggerissen. Die Sexualität, die einst im mysteriösen Halbdunkel lag, findet heute im grellsten Scheinwerferlicht statt. Wie wurden junge Menschen früher vom Rätsel der Liebe verlockt, gerade weil es so lange ungelöst blieb! Heute kann jeder Teenager auf dem Bildschirm seines Telefons Leuten beim Ficken zugucken. Schon die Jüngsten wissen Bescheid über alle Spielarten des Fleischklopfens, man kann ihnen nichts mehr erzählen. Sie haben schon alles gesehen. Zu Hause im Kinderzimmer werden die Stellungen nachgestellt und auch gleich wieder abgefilmt. Man will ja am nächsten Tag den Freunden auf dem Schulhof die Lernfortschritte vorführen können.

Wie würden diese jungen Menschen lachen, wenn man ihnen erzählte, wie Jungs früher sexuell erweckt wurden: mit dem *Quelle*-Katalog! Der *Quelle*-Katalog war einst die Bibel der jugendlichen Sexualität, wenigstens der männlichen. Das breite Sortiment an Damenunterwäsche, das er präsentierte, machte den jungen Betrachter mit den Reizen des weiblichen Körpers vertraut. Die Frauen auf den Fotos blickten dabei trotz ihrer Blöße gar nicht lasziv, sondern beinahe bieder in die Kamera, so als ahnten sie nichts von dem Missbrauch, den man mit ihnen trieb. Kein Grund also für ein schlechtes Gewissen. Der Nähe waren dennoch Grenzen gesetzt. Hätten im *Quelle*-Katalog plötzlich Seiten gefehlt, wäre das doch unangenehm aufgefallen. Vor Jahren ging das fränkische

Traditionsunternehmen nun pleite – als eines der unschuldigsten Opfer der Internetpornografie.

Die nächste Station auf der erotischen Entdeckungsreise des Jugendlichen war das sogenannte Tittenheft. Man entdeckte es recht mühelos im Schlafzimmerschrank der Eltern seines besten Freundes. Magazine mit verführerischen Namen wie *St. Pauli Nachrichten* oder *Blitz Illu* stellten schon weit mehr Informationen bereit als der *Quelle*-Katalog. Doch blieb das letzte Geheimnis auch hier noch immer verborgen. Die Fotomodelle hatten nämlich eine so gewaltige, künstlich aufgebauschte Schambehaarung, dass jeder Blick auf das primär Geschlechtliche verwehrt blieb. Erregender als die Fotos waren eigentlich auch die literarischen Erzählungen. Frauen berichteten davon, wie sie aus purer Lust spontan Geschlechtsverkehr mit wildfremden Männern in Telefonzellen und Parkhäusern gehabt hatten. Diese unzweifelhaft authentischen Berichte stimmten auf erfreuliche Weise völlig mit unseren pubertären Fantasien überein. Nach der gemeinsamen Lektüre gelangte man mit den Kumpels zu dem unabweislichen Schluss: »Die Weiber – die wollen's doch auch!«

Besaß man irgendwann endlich einen eigenen Fernseher, öffnete sich die Pforte zum Reich der bewegten Erotik. In jenen fernen Tagen liefen nämlich noch sogenannte Softsexfilme im Fernsehprogramm. Allerdings erst spät nachts zur Schlafenszeit, sodass man den Apparat leise stellen musste. Dies störte jedoch nicht weiter, konnte man auf den Ton doch ohnehin verzichten. Betrat trotzdem einmal überraschend ein Elternteil das eigene Zimmer, schaltete man eilig um zum Intellektuellentalk von Alexander Kluge, der auch die Erektion rasch besänftigte. Die deutsche Filmkunst erbrachte auf dem Feld der Softerotik leider keine herausragenden Leistungen. Die Streifen der *Lederhosen*-Reihe sorgten mit Sexszenen im Kuhstall und Dialogzeilen wie »Herr Doktor, ihr Thermometer ist ja ganz warm!« nicht für Erregung, sondern nur für seelische Langzeitschäden. Unvergleichliches leisteten hingegen die Franzosen. Es gelang ihnen, die körperliche Liebe darzustellen, ohne doch den rohen physischen Akt eigentlich zu zeigen. Die

Filme der *Emmanuelle*-Reihe sehen aus, als hätte man sie mit einem Schleier vor der Kamera gedreht. Der Liebesakt wurde stets aus etwa einem halben Kilometer Entfernung aufgenommen, was dem Zuschauer die Rolle eines dezenten Voyeurs zuwies. Die plänkelnde Stimmungsmusik verlieh der ganzen Sache eine heitere, spielerische Anmutung.

Vorbei, vorbei! Die Gegenwart möchte lieber die Leistungsfickerei komplett rasierter Sexsportler in Großaufnahme sehen. Als Trost bleibt nur eines: Früher berichteten die Opas ihren Enkeln vom Krieg. Wir können immerhin später von den Abenteuern zärtlicher Cousinen erzählen.

# Der Döner
# der Verzweiflung

Es ist drei Uhr nachts und du stehst allein auf der Straße. Deine Nacht mit Freunden verlief berauschend. Nach erfrischenden sechs Bieren im Stammlokal bist du mit einer Karawane der guten Laune weitergezogen in deinen Lieblingsklub, wo du dir drei Gin Tonic, viel Wodka und diesen einen weißen Cocktail eingeflößt hast, dessen Namen du dir nie merken kannst. Auf der Tanzfläche hast du die Frau deines Lebens kennengelernt. Sie wollte zwar nicht sofort mit dir ins Paradies der Liebe eilen, gab dir aber immerhin ihre Telefonnummer und damit Aussicht auf baldige Seligkeit. Trunken nicht nur vor Freude kehrtest du allein noch in die Bar deines Vertrauens ein, um die Nacht mit einem Absinth stilvoll zu beenden.

Und nun stehst du allein auf der Straße, es ist drei Uhr nachts. Alles wäre vollkommen, alles wäre gut, spürtest du nicht plötzlich ein schwarzes Loch in deinem Bauch, einen gähnenden Abgrund, der am liebsten die ganze Welt verschlänge. Du hast Hunger, unsäglich peinigenden Hunger, der wie ein Wolf in deinen Eingeweiden heult. Er lässt dir keine Zeit mehr, den weiten Weg nach Hause zu fahren, um dir dort ein rettendes Wurstbrot einzuverleiben. Du würdest unterwegs verenden, am nächsten Morgen fände dich die Stadtreinigung als verdörrtes Skelett am Straßenrand.

Du musst etwas essen und zwar auf der Stelle. Und du weißt, es gibt um diese Uhrzeit kein Sushi mehr und keine veganen Burger. Es gibt nur noch eine Lösung: den Döner der Verzweiflung. Er ist die Rache des Orients an den Geschmacksknospen der

Kreuzzügler. Die Speise, die alle Metropolen der Welt im Sturm erobert hat, einmal abgesehen von Istanbul. Du willst nicht, aber du musst. Der Döner der Verzweiflung spottet der menschlichen Willensfreiheit. Der Döner der Verzweiflung ist die Alternativlosigkeit als Nahrung, die Fleisch gewordene Angela Merkel.

Du trittst in irgendeinen der ohnehin identischen türkischen Spätimbisse. Und alles ist so schlimm, wie du erwartet hast. Am Spieß dreht sich träge die kegelförmige Fettmasse. In der Luft liegt der Geruch von Bratfett und satter Reue. Vor dir in der Schlange warten Leidensgenossen, die schuldbewusst zu Boden blicken, ganz so wie du jetzt auch. All diese jungen Männer sind wochentags anständige, ökologisch bewusste Salatesser. Doch der Hunger macht den zartesten Menschen zur Bestie. Erst kommt das Fressen, dann kommt der Geschmack.

Der Dönerverkäufer hinterm Tresen blickt dich müde und traurig an. Du bist der Grund dafür, dass er leben kann, aber nicht zum Schlafen kommt. Du bestellst das Unvermeidliche und fügst gleich selbst die Worte »komplett mit alles« hinzu, um dir weitere demütigende Fragen zu ersparen. Du nimmst eine Flasche *Beck's* aus dem Kühlschrank, mit deren Inhalt willst du dir nach dem Mahl den Mund gründlich ausspülen. Du zahlst im Voraus, um nachher schneller verschwinden zu können. Wenige Augenblicke später sitzt du mit dem Objekt deiner Begierde am Tisch. Du zögerst noch eine Weile, aber dann überwindest du dich und beißt zu. Wer soll dich schon bei dieser Übeltat sehen?

Vielleicht die Frau deines Lebens, die dir plötzlich gegenübersitzt.

»Ich hab dich durchs Fenster gesehen«, sagt sie lachend. »Ich dachte, du wolltest nach Hause gehen?«

Du hältst inne, die Zähne schon im Döner versenkt. Du weißt: Wenn du jetzt weiter isst, dann wirst du die Liebe deines Lebens verlieren. Der Hunger und die sexuelle Begierde kämpfen in deinem Inneren einen Titanenkampf, dein geplagter Leib zittert und schwitzt. Aber die Selbsterhaltung siegt am Ende über den Fortpflanzungstrieb. Der erste Biss ist noch vorsichtig, doch schon der zweite pure Gier. Du vergräbst dein Gesicht schmatzend im offenen Fladenbrot wie ein Löwe sein Maul im aufgerissenen Leib der Antilope. Du weißt, wie albern du jetzt aussiehst und wie viehisch. Aber nichts kann dich mehr bremsen. Du spürst, wie dir die Kräutersauce aus dem Mundwinkel läuft, wie dir ein Faden Rotkohl an der Nase klebt, wie du versehentlich ein Stück Alufolie schluckst – egal, du frisst weiter, ungehemmt. Du hältst deine Augen geschlossen, weil du nicht sehen willst, wie sich das Gesicht der Frau deines Lebens vor dir zur Fratze des Ekels verzerrt.

Doch als du einmal kurz blinzelst, siehst du überrascht, dass sie noch immer lächelt.

»Iss ruhig weiter«, sagt sie freundlich. »Ich hab mir auch einen Dürüm bestellt. Ich hab Hunger wie ein Bär.«

Deine Liebe zu dieser Frau verdoppelt sich gleich noch einmal angesichts solch verständnisvoller Worte. Doch dann wird ihr wirklich ein Dürüm serviert. Und die schönste Frau der Welt sperrt plötzlich ihren Rachen auf wie ein gähnendes Nilpferd, um sich eine wurstförmige Rolle in den Schlund zu schieben, aus deren grauer, faltiger Haut Gemüsebröckchen quellen wie Eingeweide. Du siehst der Frau deines Lebens beim Essen zu und fragst dich mit Schrecken, wie du je Gefallen an dieser Kreatur finden konntest.

»Du, ich muss ganz dringend los! Ich melde mich!«, rufst du, eilst davon und winkst ein Taxi heran. Während sich in deinem Bauch schon ein schweres Unwetter für den nächsten Morgen grollend ankündigt, sinnierst du auf dem Rücksitz: Vielleicht geht die Liebe wirklich durch den Magen, aber manchmal bleibt sie dabei auf halbem Wege stecken und kommt wieder hoch. Und du begreifst: Die Lust am Fleische, sie widerstreitet manchmal der fleischlichen Lust.

# Der verlorene
# Name

Es ist schon einige Jahre her, da passierte mir folgende Kleinigkeit. Es war gegen Mittag an einem schönen Sonnabend im Frühling, als ich meine Straße entlang nach Hause ging, im Beutel ein paar Einkäufe. In dem kleinen Laden eines Syrers hatte ich mir Käse gekauft, eine Flasche Orangensaft und mit Mandeln gefüllte Oliven. Da entdeckte ich plötzlich auf dem Gehweg vor mir einen Personalausweis. Ich hob das Kärtchen vom Pflaster auf, besah es und schaute mich nach einem möglichen Besitzer um. Aber niemand in der näheren Umgebung sah so aus wie der sechsunddreißigjährige Sven Pengel, der mich mit neutralem Gesichtsausdruck vom Passfoto aus anstarrte. Offenbar hatte dieser Mann hier seinen Ausweis verloren. Ich las die Adresse, Sven Pengel wohnte nur einige Häuser entfernt. Ich begab mich zur verzeichneten Anschrift. Ich klingelte, aber niemand meldete sich. Doch stand die Haustür offen. Ich trat ein, suchte im Flur nach dem Briefkasten mit dem richtigen Namen und warf den Personalausweis hinein. Dann machte ich mich auf den Weg nach Hause.

Auf dem Heimweg war mir etwas merkwürdig zumute gewesen. Kein Zweifel, ich hatte meine Pflicht erfüllt. Ein Unhold hätte sich mit dem gefundenen Ausweis vielleicht unter dem Namen Sven Pengel in einer Videothek unsittliche Filme ausgeliehen und nicht zurückgegeben. Das hatte ich nicht getan! Nicht einmal eine solche Idee war mir gekommen! Nein, ich hatte den Ausweis zurückgegeben, ganz wie es sich gehört. Und ich hatte es sogar ohne jede Aussicht auf Belohnung getan. Aber das war der wunde Punkt: Irgendwie wünschte ich mir doch, Sven Pengel wäre daheim gewesen und hätte sich persönlich bei mir bedanken müssen. Zwar konnte ich mir vorstellen, wie Sven Pengel im Briefkasten seinen Ausweis entdecken würde, Gott und dem ehrlichen Finder dankend – aber das war doch nur Fantasie. Wirkliches Lob wäre mir lieber gewesen. So ist stets noch der besten Tat auch immer ein wenig Egoismus beigemischt.

Diese unscheinbare Geschichte ist mir seitdem immer im Gedächtnis geblieben. In ihr verbarg sich offenbar noch ein tieferes, ungelöstes Problem. Und eines Tages wurde es mir aus heiterem Himmel plötzlich offenbar: Woher wusste ich denn überhaupt, dass Sven Pengel seinen Personalausweis damals zurückbekommen wollte? In wenigen Minuten des Schreckens spann mein Kopf folgende Geschichte aus:

Sven Pengel, geschiedener Vater zweier Kinder, lebte allein und arbeitete als Berufsschullehrer für Mathematik und Physik. Schon nach wenigen Jahren war ihm die Begeisterung verloren gegangen, die ihn einst für das Amt des Lehrers erfüllt hatte. Nur noch mit Mühe schleppte er sich täglich zur Arbeit, quälte sich sechs Stunden vor lärmenden Klassen voller gelangweilter Schüler. Zwei Mal im Monat durfte er seine beiden Söhne sehen, für die er regelmäßig Geld an die Frau überwies, die ihn für einen Gebrauchtwagenhändler verlassen hatte. Eine neue Liebe hatte er nie gefunden, ja nicht einmal gesucht. Auch die meisten seiner Freunde hatte Sven Pengel eingebüßt, seit er sich nicht mehr dazu aufraffen konnte, abends das Haus zu verlassen. In einsamen Nächten vor dem Fernseher tröstete er sich mit billigem Wodka, der ihm brennend die Kehle hinablief, bis er gegen Mitternacht in erlösenden Schlaf versank.

Es war ein gewöhnlicher Samstag, als Sven Pengel wieder einmal mit schlimmen Kopfschmerzen auf seinem Wohnzimmerteppich erwachte. Im Kühlschrank fand er nichts Essbares mehr, also zog er sich an und machte sich widerwillig auf den Weg zum Supermarkt, um sich einige Schachteln von den Tiefkühlbaguettes zu kaufen, von denen er sich seit Jahren fast ausschließlich ernährte. Die Frühlingssonne schien Sven Pengel ins Gesicht, als er das Haus verließ, und blendete ihn einen Augenblick. Milde Lüfte umspielten seinen Körper und in ihm stieg ein fast vergessenes Gefühl auf, dem er keinen Namen zu geben wusste. Sein Blick fiel auf ein unbekanntes Plakat, das man an einem Zaun angebracht hatte. Ein lachender Clown war da abgebildet, zwei Elefanten auf ihren Hinterbeinen, eine halbnackte Frau auf einem Seil. Es war Werbung für einen Zirkus, der am Rande der Stadt seine Zelte aufgeschlagen hatte.

Wie ein Rausch überkam Sven Pengel da plötzlich die Erinnerung an seine Jugend, als er mit den Eltern und zwei Geschwistern in einer viel zu kleinen Plattenbauwohnung in Hoyerswerda-Neustadt gehaust hatte. Wie oft hatte er damals davon geträumt, sich eines Tages als Artist einem Zirkus anzuschließen.

»Was ist nur aus meinen Träumen geworden?«, fragte er sich jetzt. »Ist es denn wirklich zu spät, sie noch zu erfüllen? Nein! Ich kann mein Leben ändern! Ich werde alles hinwerfen, ich werde noch einmal neu beginnen! Ich werde bei diesem Zirkus anheuern und mit ihm von Stadt zu Stadt ziehen wie ein Zigeuner! Ich werde vielleicht erst nur die Karten abreißen und die Ställe ausmisten, aber bald werde ich mich nach oben arbeiten. Ich werde alle von meinen Talenten überzeugen, ich werde die Seiltänzerin verführen! Ich mache einen neuen Menschen aus mir!«

Und Sven Pengel zog die Brieftasche aus seiner Hose, riss seinen Personalausweis heraus und warf ihn mit einem Schrei der Erleichterung in die Gosse.

»Nun bin ich frei! Ich heiße nicht mehr Sven Pengel!«, rief er. »Ich heiße von nun an Cosmus, der Waghalsige!«

Und er stürmte die Treppe hinauf in seine Wohnung. Er steckte alles Bargeld, das er in den Schubladen finden konnte, in seine Hosentasche. Eine halbleere Flasche Wodka leerte er in den Ausguss. Es klingelte, aber er beachtete das Geräusch nicht, für Paketboten oder Vertreter hatte er jetzt keine Zeit. Er kletterte auf einen Stuhl und holte seine Sporttasche vom Schrank. Verstaubt lagen dort oben auch noch seine alten Jonglierkeulen. Er packte sie ein und stopfte rasch einige Kleider in die Tasche. Dann eilte er wieder nach draußen, keine Minute wollte er mehr in seinem alten Leben vergeuden. Unten im Hausflur aber überkam ihn die Macht der Gewohnheit, unwillkürlich stoppte er am Briefkasten. Noch bevor er es sich anders überlegen konnte, hatte er ihn aufgeschlossen. Und da purzelte Sven Pengel seine Identität vor die Füße.

Er sank auf die Knie und brüllte: »Wer hat mir das angetan, welcher bösartige Mensch hat mir meinen Ausweis zurückgebracht? Nein, das war kein Mensch, das war mein teuflisches Schicksal! Ich bin verflucht! Verflucht, ewig zu bleiben, wie ich bin! Ich bin nicht Cosmus, der Waghalsige, ich bin Sven Pengel!«

Und mit gesenktem Kopf schleppte sich Sven Pengel wieder nach oben in seine Wohnung. Die Tür schloss sich hinter ihm wie der Deckel eines Sarges. Er setzte sich an den Schreibtisch und machte sich daran, für Montag eine Unterrichtseinheit zum Thema Gravitationskraft vorzubereiten.

Mit Grausen denke ich daran: Solch Übel könnte ich verschuldet haben. Ob es sich so verhielt? Ich werde es nie erfahren. Wenig ist gewiss auf Erden, am wenigsten die Folgen unserer guten Taten.

# Zwischen Blitz
# und Donner

Ich stehe abends am Fenster und warte auf das Gewitter. Noch lastet die ganze Hitze des Sommertages auf der Stadt. Der Himmel hat sich schon verdunkelt, der enge Hinterhof liegt in grauem Zwielicht, am Himmel rollt eine schwarze Wolkenfront heran. Es ist die Stille vor dem Sturm. Die Vögel schweigen, noch weht kein Lüftchen, nur manchmal raschelt schon ein Blatt in einem der Bäume voller Vorahnung. Einzelne, verirrte Tropfen fallen auf den warmen Boden, wo sie augenblicklich verdampfen.

Ich bereue es eigentlich selten, nicht mehr auf dem Dorf, sondern in der Großstadt zu wohnen. Aber wenn ein Gewitter naht, dann wäre ich doch immer lieber auf dem Land. In der Stadt, eingepfercht zwischen den Mauern der Häuser, nur einen kleinen Schnipsel Himmel im Blick – so lässt sich kein Gewitter wirklich genießen. Erst der freie Blick auf den unverstellten Himmel und die ganze Landschaft bis zum Horizont macht ein Gewitter wirklich zum Erlebnis.

Ich weiß nicht, wie ungewöhnlich die Leidenschaft für Unwetter eigentlich ist, die ich seit meiner Kindheit habe. Innerhalb meiner Familie bin ich eher die Ausnahme. Meine Großmutter schüttelte immer verständnislos den Kopf, wenn ich mich als Kind laut über ein herannahendes Gewitter freute. Sie bereitete sich stattdessen gewissenhaft auf die Katastrophe vor. Zuerst zog sie die Kabel aller elektrischen Geräte aus den Steckdosen. Aus Schränken und Schubladen holte sie dann ihren Ausweis und alle anderen wichtige Dokumente, dazu alles Bargeld und sämtliche Sparbücher, außerdem die Schatulle mit dem wertvollen Schmuck. Ordentlich aufgereiht platzierte sie alles auf ihrem Tisch. Dann kleidete sie sich reisefertig an, sogar etwas schicker als gewöhnlich. So angezogen setzte sie sich auf ihr Sofa und wartete das Gewitter ab. Wenn nötig, blieb sie die ganze Nacht über wach, in jeder Sekunde auf den Einschlag des Blitzes gefasst. Erst wenn am nächsten Morgen blauer Himmel ganz sicher das Ende der Gefahr bewies, atmete sie erleichtert auf. Meine Oma verstand in dieser Sache keinen Spaß. Wenn man über ihren Katastrophenschutz einen Witz machte, wurde sie böse. »Warum lassen wir nicht einfach einen Blitzableiter an unser Haus bauen?«, fragte ich gelegentlich naiv. Von dieser neumodischen Erfindung Benjamin Franklins hatte man uns in der Schule erzählt. Aber die ganze Familie war sich einig: Diese Blitzableiter waren unnützer Humbug, der den Donnergott nur noch wütender machen würde.

Ich schaute den Sommergewittern am liebsten von einem der Heuböden unseres Dorfes aus zu. Das Gras wurde damals noch mit der Sense gehauen, auf der Wiese von der Sonne getrocknet und dann als Heu mit der Mistgabel hinauf in die Dachböden der Scheunen befördert. Natürlich war es uns Kindern eigentlich verboten, auf Heuböden herumzutoben, aber manchmal schmuggelte man sich mit ein paar Freunden doch in eine der Scheunen. Wir waren dort nicht allein. Versteckt im Heu lagen die Kätzchen, die ihre Mutter hier zur Welt gebracht hatte. Entdeckte man so ein Nest, dann fauchte die Katzenmutter und trug ihre Jungen fort, jedes einzeln mit dem Maul im Nacken gepackt.

Wenn das Gewitter begann, legten wir uns ins kitzelnde Heu und starrten gebannt hinaus ins Freie. Sicher im Trockenen war das Wüten der Natur draußen das aufregendste Schauspiel, das wir uns denken konnten. Mit einem Mal endete die Stille. Ein Sturm brach los, der die Bäume in den Gärten schüttelte und bog und beinahe zu brechen schien. Regen stürzte vom Himmel, trommelte auf die Dachziegel, gurgelte in den Rinnen und Rohren. Blitze erleuchteten den Himmel. Sie zuckten immer gerade da, wo man eben nicht hingeschaut hatte. Nur wenn man den Blick fest auf eine bestimmte Stelle gerichtet hielt, erblickte man irgendwann wirklich einen der Blitze. Wie glühende Äste leuchteten sie einen Moment lang zwischen Himmel und Erde.

Einer von uns behauptete, er habe einen Kugelblitz gesehen, konnte aber nicht genau erklären, was eigentlich das Besondere an so einem Kugelblitz sein sollte. Wir zählten, wie wir es von unseren Vätern gelernt hatten, die Sekunden zwischen Blitz und Donner, um zu entdecken, dass das Gewitter wirklich immer näher kam. Manchmal schien es sich kurz zu beruhigen, nur um dann noch heftiger loszubrechen. Gegenseitig erzählten wir uns Schauergeschichten von Menschen, die vom Blitz getroffen worden waren. Manche waren zu einem Häuflein Asche verbrannt, andere waren sieben Mal vom Blitz getroffen worden, hatten aber jedes Mal überlebt. Die Meinungen gingen auseinander über die Frage, wie man sich im Freien bei Gewitter zu verhalten habe.

»Auf jeden Fall darf man nichts aus Metall bei sich haben, das zieht den Blitz an wie ein Magnet«, sagte einer.

Wir dachten ängstlich an die Münzen in unseren Hosentaschen.

»Alles, was über den Boden herausragt, sieht der Blitz und zielt dann darauf«, meinte ein anderer. »Man muss sich also flach auf die Erde legen und abwarten, bis das Gewitter vorbei ist.«

Das klang vernünftig, aber auch ziemlich nass und langweilig.

»Das ist doch Blödsinn, ein Blitz kann doch nichts sehen, der hat doch keine Augen! Nein, man muss sich unter einen Baum stellen«, meinte wieder ein anderer. »Aber unter den richtigen! Eichen sollst du weichen, Buchen sollst du suchen.«

Sofort wurde ihm widersprochen: »Das ist doch Blödsinn! Linden musst du finden!«

»Quatsch! Bei Eiben kannst du bleiben!«

»Nein, nach Fichten sollst du sichten!«

Ein ohrenbetäubender Schlag mit Blitz und Donner zugleich beendete die Diskussion. Eine Weile herrschte ehrfürchtiges Schweigen.

Dann sagte einer: »Jetzt hat es eingeschlagen. Irgendwo ganz in der Nähe.«

Nach diesem Wutausbruch beruhigte sich das Gewitter langsam. Der Sturm legte sich und der Himmel hellte sich auf. Alle bekamen jetzt Lust, vom Heuboden herunterzusteigen, aber noch fielen Tropfen.

»Wenn es in den Pfützen Blasen regnet, dann dauert der Regen noch lange.«

»Gar nicht, genau umgekehrt: Dann hört es bald auf!«

Irgendwann hielten wir es nicht mehr aus und rannten ins Freie. Die Luft war klar und kühl wie an einem neuen Morgen, obwohl bereits der Abend dämmerte. Die Fledermäuse waren erwacht und jagten durch die Luft. Wir sprangen in die Pfützen, um uns gegenseitig nass zu machen. Im Bach floss mehr Wasser als sonst, aber leider war er wieder nicht über die Ufer getreten, worauf wir seit Jahren hofften. Manchmal heulte in der Ferne eine Sirene. Wir überlegten dann, wen wohl der Blitz getroffen haben könnte. Jeder hatte einen eigenen Vorschlag, aber alle waren gut.

In der Großstadt heulen unzählige Sirenen gleichzeitig, wenn das Gewitter vorüber ist. Am nächsten Morgen wird man in der Zeitung von vollgelaufenen Kellern lesen und von entwurzelten Bäumen, von Flugausfällen und Feuerwehreinsätzen, aber nichts vom Zorn des Donnergottes. Ich lasse das Fenster offen und lege mich ins Bett. Die Sirenen singen mich in den Schlaf.

# Das Schatzkästlein

Wer in Berlin lebt, der muss sich erfreulicherweise um die Entsorgung überflüssiger Dinge nicht sorgen. Was man nicht mehr braucht oder will, stellt man einfach vor die Haustür an den Straßenrand. Zerlesene Romane, aus der Mode gekommene Kleider, defekte Kühlschränke – ganz egal: Mit Sicherheit sind die Dinge über Nacht geräuschlos verschwunden. Wie geht das zu? Wer holt all die Sachen so schnell und zuverlässig ab? Es ist ein Mysterium. Nie sieht man einen der unbekannten Helfer, auch die Heinzelmännchen der Metropolen versehen ihren Dienst im Verborgenen. Zu Tausenden durchstreifen sie unsichtbar die Stadt, immer auf der Suche nach Brauchbarem. Funde melden sie sogleich ihrem Hauptquartier, das Gefährten entsendet, um die herrenlosen Schätze abzuholen. Sie sind effizient wie die Waldameisen.

Da in der Stadt so oft Gerümpel am Straßenrand darauf wartet, eingesammelt zu werden, schenkt man dem banalen Zeug gewöhnlich keine größere Beachtung. So ging es auch mir, bis ich neulich einmal abends auf dem Weg nach Hause durch mein Revier latschte. Aus dem Augenwinkel sah ich eine kleine Kiste aus hellem Holz am Straßenrand. Ich war schon vorbeigelaufen, da machte ich noch einmal kehrt. Was stand da auf dem Kasten geschrieben? »Einbruch zwecklos! Kiste leer!« Ich stand verwirrt und las noch mehrere Male diese Aufschrift: »Einbruch zwecklos! Kiste leer!« Der Kiste war von allen Seiten vernagelt, kein Spalt erlaubte einen Blick ins Innere. Warum sollte man denn auch hineinschauen wollen? Die Aufschrift versicherte ja: Die Kiste war

135

leer! Wieso stieg in mir trotzdem eine brennende Neugier auf? Die verdammte Aufschrift war schuld! Hätte sie nicht behauptet, die Kiste sei leer, nie wäre ich auf die Idee gekommen, die Kiste könnte nicht leer sein.

Schon beäugten mich andere Passanten neugierig, weil ich so neugierig auf die Kiste starrte. Was hatte sie nur hier zu suchen? Ich sammelte mich und versuchte, das Problem einer rationalen Analyse zu unterziehen: Entweder war die Kiste leer oder sie war nicht leer. Ein Drittes gab es nicht. War sie wirklich leer, dann stellte sich die Frage: Wieso hatte ihr Besitzer noch eigens notiert, sie sei leer? Wollte er sie bloß loswerden, dann konnte es ihm doch gleichgültig sein, ob sie aufgebrochen wurde oder nicht. Wollte er sie aber behalten, warum hatte er sie an den Straßenrand gestellt? Aus Platzmangel? Aber vielleicht war die geheimnisvolle Kiste ja gar nicht leer! Vielleicht enthielt sie sogar einen Topf voller Gold! Dann hatte sich ihr Besitzer gesagt: »Ein Geheimnis ist nirgends so sicher wie unter aller Augen. Kein Mensch wird vermuten, ich könnte so einen Schatz mitten in der Öffentlichkeit aufbewahren. Alle werden achtlos vorübereilen und ich lache mir ins Fäustchen.« Aber musste dieser teuflische Genius nicht damit rechnen, einer wie ich könnte seinen perfiden Plan durchschauen? Was hinderte mich denn, die Kiste gewaltsam zu öffnen, um das Geheimnis aufzudecken und den Inhalt an mich zu nehmen? Aber vielleicht war ja gerade dies die wirkliche Absicht dieses Schurken! Vielleicht handelte es sich um eine böse Falle! Ich bräche die Kiste auf, aber fände im Innern nur einen Zettel mit dem Satz: »Neugier ist auch eine Gier!« Und ein hämisches Lachen würde auf dem Balkon über mir erschallen. Am nächsten Tag fände ich mich dann in einem millionenfach geteilten Video im Internet wieder unter dem Titel »Trottel bricht leere Kiste auf«. Sollte ich vielleicht die Polizei rufen und eine verdächtige Kiste melden? Aber was nutzte es mir, wenn Sprengstoffexperten das Ding vorsorglich in die Luft jagten!

Wohl zehn Minuten drückte ich mich nun schon in der Nähe der Kiste herum. Der Besitzer des Kindercafés nebenan beäugte mich bereits misstrauisch aus seiner Ladentür. Endlich riss ich mich los und eilte nach Hause. Nachts im Bett lag ich lange wach und dachte an die Werkzeuge, die bei mir im Keller lagerten. Eine Säge war dort, ein Hammer auch und sogar ein Brecheisen. Aber ich raffte mich nicht mehr auf, sondern schlummerte ein und versank in rätselhaften Träumen.

Als ich mich am nächsten Morgen zur Arbeit begab, kam ich wieder zu der Stelle, an der die Kiste gestanden hatte. Aber sie war nirgends mehr zu finden. Irgendwer hatte wohl der Versuchung nicht widerstanden. Und das kostbare Geheimnis der Kiste? Es war geraubt und blieb mir doch.

# Inhalt

Außerdem von Michael Bittner in der edition AZUR erschienen:

Wir trainieren für den Kapitalismus.
Satiren, Kolumnen und andere Versuche
ISBN: 978-3-942375-10-8
144 S., 14,00 EUR

Das Lachen im Hals.
Neun Geschichten
ISBN: 978-3-942375-25-2
126 S., 14,90 EUR

**Michael Bittner**, 1980 in Görlitz geboren, verbrachte seine Kindheit in Diehsa (Oberlausitz). Er studierte Germanistik und Philosophie an der TU Dresden; Promotion zum Dr. phil. Zurzeit lebt er als freier Autor in Berlin. Michael Bittner ist Mitglied der Lesebühnen *Sax Royal* in Dresden, *Grubenhund* in Görlitz und *Zentralkomitee Deluxe* in Berlin. Er bloggt unter www.michaelbittner.info.

Seit Januar 2009 veröffentlicht er regelmäßig Kolumnen in der *Sächsischen Zeitung*. Gelegentlich verfasst er Beiträge für *Die Wahrheit* der *taz*. Einzelne Texte erschienen auch in *Das Magazin, Süddeutsche Zeitung, The Guardian, Jungle World* und *konkret*. Im Jahr 2010 hat er das Buch *Ästhetischer Staat oder politische Kunst? Die Poetik Georg Büchners am Ende der Kunstperiode* im Thelem Verlag veröffentlicht. Im Jahr 2016 erschien ebenda sein Buch *Die Emanzipation des Fleisches und ihre Gegner. Literarischer Sensualismus zwischen Romantik und Vormärz*. Im Herbst 2013 erschien sein Buch *Wir trainieren für den Kapitalismus* in der edition AZUR, im Jahr 2016 sein Erzählband *Das Lachen im Hals*.

1. Auflage
© edition AZUR, Dresden 2017
www.edition-azur.de
Gestaltung: Kraft plus Wiechmann, Berlin
ISBN: 978-3-942375-30-6